Termos de Comparação

Coleção Textos

Conselho Editorial: Anatol Rosenfeld (1912-1973), J. Guinsburg e Sábato Magaldi.

Equipe de realização— Revisão: Alice Kyoko Miyashiro e Plinio Martins Filho; Produção: Lúcio Gomes Machado.

Zulmira Ribeiro Tavares

Termos de Comparação

EDITORA PERSPECTIVA

Direitos reservados à
EDITORA PERSPECTIVA S.A.

© Editora Perspectiva S.A., 1974.

EDITORA PERSPECTIVA S.A.
Av. Brigadeiro Luís Antônio, 3025.
01401   São Paulo   Brasil.
Telefone: 288-8388.

SUMÁRIO

NOTA INTRODUTÓRIA 8
MALCOMPARANDO — Roberto Schwarz 9
TERMOS DE COMPARAÇÃO — A 11
  1
  A curiosa metamorfose pop do senhor plácido 13
  O livre arbítrio do cidadão médio 19
  2
  A coisa em si 23
  A sua medida 30
  3
  O conto da velha cativa dentro do pote 37
  Realidade/realidade 44
  4
  Ócio, óculos e ovos de codorna 58
  O senso comum e o bichinho roedor 63

TERMOS DE COMPARAÇÃO — B 77
  1. TERMOS COMO UM LIMITE CRÍTICO 79
    Termos de comparação 80
    A criação: contradições (I) 84
    A criação: contradições (II) 87
    Ponteiro e hipótese 89
    Um sinal interrogativo 91
    Besouragem 93
    Descrição do engano 95
    Dióptrica 97

2. TERMOS COMO UM LIMITE SENSORIAL .. 101
   A araucária 102
   O substantivo 104
   Orbital: orbitário 106
   Mobilidade da luz 107
   Sensualidade menor 109
3. TERMOS COMO UM LIMITE NOTICIOSO .. 111
   Fases da lua 112
   O helicóptero 114
   Débil 116
   Homem 118
   Recorrência 120
4. TERMOS COMO PARTE DO ACERVO 123
   INTERIOR:
       Enterro de presciliana 125
   CIDADE:
       Últimos dias da anciã em uma casa de
           higienópolis 129
       O passado da senhorita eu (I) 130
       O passado da senhorita eu (II) 132
       De viés 134
       Registro 136
       No saguão 138
       No museu 140
       Gráfico da indigna-ação moral 142
       O polvo e a pudicícia 144
       Circunvoluções e invólucro 147
5. USO DO ACERVO 149
   Sobreposição sub-reptícia 150
   Alguns elementos para uma nova teoria dos sinais 155
   Aprazimento 157
   Ficção 160
   Pequena receita estrita para cama e escrita 161
   Trilha 162
   Descobrimento no arabesco 163
   Os mil e um escrúpulos 165
6. NOTICIÁRIO E ACERVO: INSTANTÂNEO . 169
   A viúva viu o ovni 170

O clérigo na árvore 173
  O transplante: sua técnica e sua técnica 175
  À sua imagem e semelhança 178
  Furto: fato 180
  Dois toques: clarinada e assobio 182
  Cavalo-marinho. cavalo 185
  O esporte: a sua prática 189
  Futuridade 191

TERMOS DE COMPARAÇÃO — C 195

  FICÇÃO E CONHECIMENTO 197
    Esclarecimento 198
    1-Ficção/figura 201
    Realidade/conhecimento 207
    Autonomia: avessos 215
    Qualificação gradual: parêntese 222
    Rigor e sistema aberto 226
    Mimese e obra fechada 234

DADOS SOBRE A AUTORA 242

NOTA INTRODUTÓRIA

O livro TERMOS DE COMPARAÇÃO é composto de duas partes, uma, ficcional, dividida em duas seções, conto e poema, e outra, teórica. A parte teórica não deve ser considerada uma tentativa de apoio ou de sustentação à obra da autora. Consiste simplesmente na franca exposição e discussão de alguns pontos que lhe parecem fundamentais para a feitura e apreciação de obras, hoje. Todavia, é claro que existe vínculo entre a parte ficcional e a teórica. O ensaio é fruto de um exercício anterior, não só especulativo como também ficcional; por sua vez a parte ficcional orienta-se a partir da visão de mundo da autora, na qual se inclui uma antiga preocupação com a natureza do estético.

A parte ficcional foi escrita em diferentes espaços de tempo e organizada de uma perspectiva, por assim dizer, sobreficcional, que atuou no material existente, modificando-o. Tendo como referência um critério de valor anterior à organização do livro, a autora teria suprimido alguns trechos. Contudo a "sobreficção" — assim lhe parece — tornou relevantes contos e poemas que não subsistiriam isolados.

A apresentação de ROBERTO SCHWARZ diz respeito exclusivamente à parte ficcional.

MAIO — 1973

MALCOMPARANDO

Depois que entrou para o nosso cotidiano, a modernização vem causando uma salada que será certamente secular. Psicanálise, lingüística, sociologia, publicidade, capital, maravilhas da técnica etc., em forma degradada, tornaram-se parte de nosso ambiente natural. No que vão dar, ninguém sabe. Em todo caso, é natural que por ora falte naturalidade a esta segunda natureza, de fabricação tão recente. A falsidade incontornável dos lugares-comuns da modernização, as suas expressões feitas, em que justamente o novo se torna um hábito antigo, são testemunha disso. Para o escritor, contudo, essa linguagem é preciosa (depois de ter sido abominável). São depósitos inconscientes do tempo. E é onde, na minha opinião, tomam pé os escritos de Zulmira Ribeiro Tavares.

Até aí, nada de especial, pois a utilização dessa matéria mesclada é um modo hoje comum de captar a marca da modernidade. Entretanto, seu uso corrente é polêmico, seja para denegrir os tempos, seja para exaltar o progresso. Os escritores sabem o que pensam dela, que lhes serve apenas de instrumento. Em *TERMOS DE COMPARAÇÃO,* pelo contrário, ela é *habitat,* ambiente "um tantinho estranho" em que é preciso se orientar. São escritos muito raciocinantes e comparativos, um pouco à maneira de João Cabral, mas intencionalmente sem critério familiar; a ironia nasce dos pequenos excessos de credulidade e aplicação, que trazem à berlinda a modernidade — as suas situações, frases, palavras — por um modo que a filosofia da história desconhece. É o caso de um tal Dilermando, cujo dilema virou dilemática. Há nestas páginas um artifício de tolice que suspende as referências, e com elas a vigência de tradição, preconceito e informação, impondo espontaneidade ao juízo e à simpatia. Seu efeito singular e moderno está na vivacidade da reflexão, literalmente desnorteada, buscando prumo no descampado heterogêneo das noções comuns. Será uma inteligência nova? uma tolice antiga? uma paisagem lunar? um depósito de lixo? Comparações, variações, analogias, deduções, arbítrios, tudo em desenho malignamente destacadinho, trazem à cena esta personagem rara e *realmente progressista,* o desejo de raciocinar com os elementos à mão. E hoje, quando é moda abafar o leitor na matéria bruta do grotesco, numeroso e repetitivo, que o nosso cotidiano não deixa faltar, é benfazeja a distância arejada com que Zulmira não lhe retém senão o perfil.

Ora é o raciocínio que tem razão, desagregando o lugar-comum, ora é o contrário, e o raciocínio fica irrisório, flagrado em seu pedantismo, ora ainda o ponto de partida é vazio mas permite uma dedução elegante, que seduz pelo próprio movimento. Este espaço desorientado, em que tolice, achado lírico e duro senso crítico estão indiscerníveis, é a contribuição deste livro, e a posição que ele assinala no relógio dos tempos.

Roberto Schwarz

TERMOS DE COMPARAÇÃO - A

1
A curiosa metamorfose pop do Senhor Plácido
O livre arbítrio do cidadão médio

2
A coisa em si
A sua medida

3
O conto da velha cativa dentro do pote
Realidade / realidade

4
Ócio, óculos e ovos de codorna
O senso comum e o bichinho roedor

1.
A curiosa metamorfose pop do Senhor Plácido

Na loja de eletrodomésticos onde é o gerente, o Sr. Plácido ouviu soar o relógio. O amigo do Sr. Plácido, entendido em arte, disse a ele:

— A Bienal fecha domingo. Você já foi?

O Sr. Plácido avisou em casa:

— A Bienal fecha domingo. Vou hoje lá; aproveito que tenho a tarde livre.

A senhora do Sr. Plácido respondeu-lhe:

— Morreu o Tancredo Carvalho. O enterro é às cinco da tarde. Não atrase.

"O Tancredo!"

"A sua idade!"

— E do quê?

— "Enfisema pulmonar" — disse a senhora do Sr. Plácido.

O Sr. Plácido ficou muito impressionado.

— Lembre-se também do "recipiente" — ajuntou ainda a senhora do Sr. Plácido. — Compre logo para não esquecer.

— O "recipiente"!?

— Para o exame amanhã. Compre de plástico que é mais leve e barato.

"O penico!"

— Não desista — disse o amigo entendido em arte. — Vá assim mesmo. Dá tempo.

— Mas estou tão por fora de tudo! — lamentou-se o Sr. Plácido. Pensou: "Onde será que o encontro? e de plástico?"

— Escute — disse-lhe o amigo — não se preocupe. Isso é que é o bom. Chegar à Bienal inocente.

— Como assim? — estranhou o Sr. Plácido.

— Veja tudo com olhos de criança.

— Quando eu era criança — disse o Sr. Plácido — detestava museus.

— Mas a Bienal é outra coisa!

O amigo do Sr. Plácido ficou calado por muito tempo. O Sr. Plácido percebeu que cometera uma gafe séria. Esperou.

Por fim o amigo do Sr. Plácido disse; pacientemente:

— Não procure na Bienal a eternidade dos museus e dos mármores. Busque o "provisório", o "precário", o "perecível".

— Como? — disse o Sr. Plácido; e começou a transpirar um pouco. Pensou no Tancredo. "Teria alguma relação com a arte, o enfisema?"

— Arte é vida! — disse o amigo entendido em arte.

Bom, o Tancredo estava morto.

— A arte — ajuntou o amigo — e a vida, não estão mais separadas por um abismo; a arte cá, limpinha, asséptica, quadrada; a vida lá, turbulenta, suja, não senhor, são uma coisa só. Os limites entre a arte e a não-arte foram borrados.

O Sr. Plácido indagou timidamente:

— Mas então para quê?

— Para que o quê?

— A arte; ou a vida, tanto faz; digo, para que duas coisas se são uma só?

O amigo se calou por muito tempo.

O Sr. Plácido estava tranqüilo. "Fui inteligente, sem dúvida."

— Veja — disse por fim o amigo entendido em arte; pacientemente: — O que tem você aí na loja, diante dos olhos?

O Sr. Plácido enumerou:

— Geladeiras, máquinas de lavar roupa, rádios, televisores, ventiladores.

— É suficiente. E lá fora na rua?

O Sr. Plácido enumerou:

— Gente, automóveis, prédios.

— Sinais de trânsito, — ajudou o amigo — anúncios, cartazes, vitrinas. Você não mencionou o principal.

— É — aquiesceu o Sr. Plácido.

— Tudo isso você sabe como se chama? — perguntou o amigo do Sr. Plácido. (Referia-se ao principal.)

O Sr. Plácido permaneceu calado.

— "Folclore Urbano"! E aqui dentro, na loja, os eletrodomésticos, bem, esses eu os denominaria assim, mais por minha conta, sabe, "Vegetação Urbana"!

O Sr. Plácido permaneceu calado.

— Tudo isso está na Bienal, entende? Noutro contexto a coisa salta aos olhos!

— Que coisa? — estranhou o Sr. Plácido.

— A vida — respondeu o amigo.

O Sr. Plácido ficou muito impressionado.

— Veja ainda — apontou o amigo entendido em arte —. o que é isto? e isso? e aquilo? e aquele outro? — e mostrou com o dedo os desenhos feitos no lado interno da porta do lavatório.

— Todo o dia mando apagar e todo o dia voltam — disse o Sr. Plácido. — Gostaria de saber quem os faz. Não são maus.

— Estão na Bienal! — ajuntou triunfante o amigo.

— Como?

— Noutro contexto. Bem, mas não quero me adiantar muito. Vá. Vá inocente. Espere. Volte.

— Estou atrasado já — disse o Sr. Plácido.

— Não seja passivo, entendeu?

O Sr. Plácido pensou na porta do lavatório e ficou vermelho. Talvez a morte do Tancredo o estivesse impedindo de pensar com clareza.

— Atue! Co-autoria. Mexa em tudo o que for para mexer! Participe. Adeus.

— É para criança ou adulto? — perguntou o vendedor.

O Sr. Plácido teve pejo.

— Para criança — respondeu. Imediatamente pensou: "Não vou caber".

— Que cor prefere?

— Rosa — disse o Sr. Plácido para não deixar mesmo nenhuma pista. — O senhor tem caixa?

— Não — disse o vendedor. — Mas embrulhamos de maneira que a forma, o sentido do objeto, entende, desapareça completamente. Ninguém vai saber.

— Obrigado — disse o Sr. Plácido. — É que devo ir ainda à Bienal e a um enterro antes de voltar para casa.

— Caro Plácido! Na Bienal e com um penico na mão!
— Ele jurou que o significado desapareceria.
— Nunca, meu caro Plácido. Os significados deslocam-se, transformam-se, mas não perecem.
— Você é um acadêmico — disse o Sr. Plácido. — Busca a "eternidade dos mármores". Claro que perecem.

Sentiu que dominava o assunto. Contudo era preciso não saber demais. Manter um certo grau de inocência.

— E para onde vai você com esse significado pela mão, ainda que mal pergunte?
— Daqui para um enterro. Você poderia me ajudar? Como faço com isso?
— Pegue ali dois catálogos do pavilhão americano que são os mais graúdos. Ponha o negócio no meio.
— Escorrega.
— Meu caro Plácido! Não se vence sem luta. Não se substituem significados na maciota. Faça assim.
— Agora não posso mexer.
— Como?
— Participar. O braço ficou preso. Não quero ser passivo.

— Claro Plácido! Que faz você em um enterro com catálogos do pavilhão americano?
— Nada. Qualquer coisa que eu fizer, o penico aparece.
— Que delicioso *nonsense* meu caro Plácido! Que delicioso *nonsense!* Esteve na Bienal?
— É.
— Gostou? Acha que arte é denúncia?
— Procuro manter a inocência.
— Ah.
— O "olhar das crianças", sabe, esta estória toda.
— Seja mais explícito, meu caro Plácido. Exemplifique.

— Não posso, já disse. Se lhe passar o catálogo, o penico vai junto.
— E ele insiste! Simplesmente delicioso! Britânico o humor! Nunca o supus!
"De enfisema pulmonar e na minha idade."

— Cor rosa e tamanho infantil! Mas Plácido! Onde tem você a cabeça?
— Se o problema é o traseiro, que interessa a você a cabeça?
— O teu amigo entendido em arte subverte a ordem das coisas! Você, por você, nunca me daria uma resposta dessas!
"De fato o equilíbrio é precário. Há um descompasso grande demais entre as duas partes: a minha e a outra. Mas quem busca a estabilidade dos "mármores e museus"? A "paz dos túmulos" é para quem já se foi. Estive na Bienal. E isso não se apaga numa vida."
— Vou fechar a porta. Concentre-se e relaxe.
"Esta mulher não diz mais coisa com coisa! Como é possível? Se me concentro, não relaxo. Se relaxo, caio. É preciso ficar alerta. Algo deve cair, bem sei. Porém não eu: *de mim*. Devo, muito ao contrário, para que tal se dê, procurar manter-me a todo o custo."
— Mas que faz você balançando o corpo de lá para cá? São *fezes* para *exame,* homem, isto é *Ciência* com *C* maiúsculo, não se trata de uma brincadeira. Veja se se concentra. Disso pode depender a sua vida, pense no Tancredo.
"Não consigo acertar, não consigo acertar; foi tolice, foi tolice, não há nenhuma correspondência. *A Timidez Vencida em 12 Lições.* Se fosse verdade não teria feito o que fiz. Fui longe demais, reconheço. De um lado, rosa e tamanho infantil, de outro, eu no ramo dos eletrodomésticos. E com a idade do Tancredo. A idade do Tancredo. Um abismo; nenhum contato. Mas... não, não é verdade; ainda que mal, ... deu, coube. Os limites foram borrados. Uma coisa só. Uma coisa só."
Pela primeira vez em sua vida o Sr. Plácido se observa. Agora, nesse momento. Inclinado para a frente, despido da cintura para baixo, as pernas finas e cabeludas ligeiramente abertas, as nádegas imensas e brancas apoiadas na pequena

e leve circunferência rosa. Tem ele a impressão de ser este o único apoio para o seu corpo, que os seus pés mal tocam o chão; paira. Dois pares de aspas, como frágeis mãos, colhem-no por baixo, delicadamente, pelas nádegas e guardam-no consigo. Novos limites? Não pode evitar. Exatamente como descreve o catálogo. *Está no catálogo*. Colhido pelas aspas como dentro de uma cápsula, aguarda a revelação; uma revelação de ponta-cabeça; mas que, se vier, fugirá imediatamente a este estado de graça pois que de pronto será encaminhada ao laboratório para exame. Arte e ciência. Arte e não-arte! Os limites depostos, outra vez? As respostas acham-se retidas dentro da cápsula com o Sr. Plácido. O sinal da revelação ainda é apenas o roxo na sua fisionomia congesta. O sinal é esforço, mas esforço suspenso, sem quase apoio, roxo, roxo-solferino. A suspensão é auréola: o plástico rosa, frio e leve. Um precário estado de graça iluminado pelos antípodas: roxo violento, rosa tênue. Duas cores, ou uma: dois tons, ou um
      puro
      perfeito
      objeto
      Pop.

1.
O livre arbítrio do cidadão médio

A escada rolante foi instalada na galeria.
Ninguém ainda a tinha visto.
Todos ficaram espantados.
Mas tiveram vergonha de confessar.
Nos Estados Unidos, na Europa, já existia ela há tanto tempo!
Era preciso não mostrar surpresa.
Nem inquietação.
Ser displicente.
Agora:
quase todos disseram:
— Não subo pela escada rolante porque gosto de fazer exercício.
— Não desço pela escada rolante porque não tenho paciência, é isto.
— O médico mandou compensar o tempo que fico parado no escritório.
— Ainda não estou paralítico, graças a Deus.

A escada rolante, além do mais, conseguia ser tão perfeitamente o contrário de uma escada não-rolante que roçava o absurdo: como se de repente, ao invés da gente caminhar por cima do viaduto do Chá, o viaduto do Chá que começasse a caminhar por cima da cabeça da gente, depressinha, bem na hora do *rush*.

O que produzia certo mal-estar.
Mas quase ninguém atinou com a causa.
As pessoas, que *atinam* com mal-estares desta ordem, dividem-se em duas espécies:

19

A dos filósofos
e
A dos psicanalistas.

Os primeiros (os filósofos) investigam sobre o Tudo no seu Todo, passo por passo, degrau por degrau. Mas vão e voltam tanto que as perguntas e respostas, dantes colocadas de maneira fixa-ascendente ou fixa-descendente como numa escada não-rolante, começam a se misturar, a ir e vir como numa escada rolante; pode-se então principiar por qualquer pergunta e terminar em qualquer resposta.

Os segundos (os psicanalistas), investigam sobre o Tudo na sua Parte: o *Eventual Passante*. Ele é deitado no divã e querem que vá falando sobre *tudo aquilo* que *não* lhe foi perguntado (pois os psicanalistas ficam quietos o tempo todo) o que, convenhamos: é uma quantidade muito grande de mundo para um vivente só. A estas respostas sem perguntas (uma atrás da outra, uma atrás da outra, cada vez mais depressa, já que ninguém pergunta!) os técnicos chamam: associação espontânea. Também como na filosofia pode-se perfeitamente começar a acabar em qualquer ponto, ou, como na escada rolante, por qualquer degrau.

Voltando à própria: O absurdo na escada rolante já conteria o seu tantinho de ridículo, o que foi a parte mais difícil a ser vencida.

Vejam bem:
A escada rolante rola.
A escada rolante é uma máquina.
Também o cinema.
O cinema é a grande invenção do nosso tempo.
Todo o mundo vai ao cinema.
Quando se vai ao cinema vê-se as coisas em movimento: tudo se mexe.
Mas às vezes a máquina pára.
Então tudo igualmente pára na tela.
A máquina está quebrada.
Agora,
vejam bem:
vem um vivente andando depressa, mexendo braços e pernas e de súbito sobe na escada rolante e então aí é que tudo instantaneamente nele pára. Mas a máquina não está quebrada, como no cinema; está é em funcionamento. (Por isso eu me pergunto: é a escada rolante também *O Nosso Tempo*

uma vez que é o contrário do cinema, do cinema em funcionamento?) Daí com o vivente indo-parado de baixo para cima ou de cima para baixo, fica-se ridículo em definitivo; fica-se demorando num parado que devia ser movimento e é uma vergonha esta súbita paralisia de nossa parte póstero-inferior, só para dar um pequeno exemplo; sim, uma vergonha! E vindo ela pelo ar-descendente e indo ela pelo ar-ascendente. A gente se sente desfrutável.

É possível que a palavra tenha sido usada um tanto levianamente. Aliás, "desfrutável" já é palavra leviana. Bem, não se muda de assunto; mas que assim é, é.

Dizia há pouco, repito: O cinema é a grande invenção do nosso tempo. Quando a gente discute cinema, a gente discute *O Nosso Tempo*.

Ninguém discute a escada rolante. Mas que ela é, é, como as coisas que se desfrutam. Isso dá o que pensar. Não ao povo, bem entendido. Aos especialistas já mencionados.

O povo, este simplesmente sobe ou não sobe pela escada rolante.

Hoje em dia todo o mundo já sobe (e desce).

Agora, às vezes a escada rolante não funciona.

Corrijo: funciona, mas como uma escada não-rolante.

Não se aceita.

Acha-se o cúmulo!!

Uma escada rolante não-rolando é duas vezes mais cansativa que uma escada não-rolante-sempre.

Pensa-se em dirigir uma carta aberta ao prefeito.

Mas depois se desiste.

Não é fácil.

Não se pode começar a acabar em qualquer ponto, como sói acontecer com os ensaios filosóficos e as sessões psicanalíticas; e se tem que ser preciso; e falar em muita coisa: impostos, eletricidade, iniciativa privada, serviços públicos, tecnologia, humanização do homem pela máquina, abuso do poder, área urbana, centros industriais, em suma, tem-se que falar no: *Nosso Tempo*. Ora, isso se consegue é com o cinema; nos cafés, nos suplementos literários, enfim, em qualquer parte; é sempre fácil.

Mas o que é pior:

Tem-se que começar mesmo com: "Senhor Prefeito".

Não se escapa.

Não há outra saída.

O que (por que não usar de franqueza?) vem a ser o mínimo dos mínimos em matéria de opção. Repugna ao livre arbítrio do cidadão médio. Quando se trata de cinema, não. Começa-se por qualquer tópico. Exemplo:

"Os novos problemas suscitados pela cultura de massa..."
"A fotografia desigual e demagógica"
"A criatura estava nua"
Ou, como na escada rolante, por qualquer degrau.

Repito-me? Estarei sempre a dar voltas pelo mesmo lugar?

Não sei.

A suspeita porém leva à pergunta se o objeto útil (no caso, a escada) pode ser igualmente lúbrico, digo, lúdico.

Minha cabeça gira. Já não sei onde a tenho; digo, os pés.

— *Im-pre-te-ri-vel-men-te!*
— É a última vez!
— Não prometi quinhentas voltas coisa nenhuma seu safado!
— Quando chegarmos em casa você vai ver com sua mãe!
— Quandochegarmosemcasavocêvaivercomsuamãe!
— Quandochegarmosemcasavocêvaivercomsuamãe!
— Quandochegarmosemcasavocêvaivercomsuamãe!

2.
A coisa em si

A inteligência estava ali diante dele como um grande animal em repouso; ou uma pedra, vasta, arredondada nos cantos e na qual se desenhasse uma disposição de músculos implantados.

Fora e diante dele esta enorme matéria; o brilho da chuva percorre-a como a um dorso de animal, a uma rocha; empresta-lhe o brilho e a luminosidade do dia e do instante.

O homem que distingue esta forma tranqüila e vasta, esta fisionomia na pedra, é um homem de estatura média e gestos comedidos, responde pelo nome de Jarbas Toledo, a esta hora da tarde senta-se diante da janela; escuta a chuva, a intervalos regulares levanta os olhos do livro e a vê.

Sua perplexidade diante da vida há tempos é um nome, vários nomes. Suas mãos bem tratadas percorreram livros que de maneira organizada e consistente contornaram ou deram forma àqueles mesmos problemas que em sua juventude — afastada e remota como uma dessas depressões de terra (quase um valo) em que muita planta, galho e folha despregada acumulou-se trazida pela água da chuva: um lixo primaveril e pluvial — falávamos de sua juventude — àqueles mesmos problemas que na juventude antes de terem um nome ou um tratamento foram o espantado reconhecimento de alguma perplexidade vinda da infância e dos seus começos.

Pois que este homem teve sonhos paralelos à sua infância: assíduos a ela e como ela, claros.

Esqueçamos o seu nome, sua idade, o jornal para o qual trabalha, o número de livros que já editou — sua idade,

62 anos — sua postura tranqüila diante da janela. Esqueçamos seu rosto tratado, os detalhes que o distinguem de outros rostos, a roupa que o veste, o convívio que dele temos, sua vizinhança.

Deixemos ficar conosco unicamente sua respiração.

Estamos dentro de um dos seus sonhos: Jarbas menino joga bola com a irmã. O jardim é grande; o jardim de sua casa na Av. Paulista, quase uma chácara ao tempo das chácaras na Av. Paulista. É o próprio jardim crescido inteiro de dentro do sonho, não algum outro que se lhe assemelhe; o mesmo. A bola vem e vai, aos poucos incha, aumenta, incha sempre à medida que é jogada de um lado para outro. "Nós estamos jogando a lua!", grita a irmã.

O sonho apaga-se.

Ele continua diante da janela; lê e o único ruído que produz é o das páginas ao serem viradas. Sua respiração não é mais ouvida nem pela mãe. Ninguém está tão próximo a ele para auscultar-lhe o peito ou tomar-lhe a respiração dos lábios.

Está, porém, bem vivo. Com o livro nas mãos medita sobre alguma nova teoria do conhecimento. Move as páginas sem pressa — sua perplexidade é hoje a sua maneira de sobrevivência — um longo trato — um cálculo.

Sua respiração porém já teve formas menos tranqüilas e mais audíveis.

Ouçam como é a única coisa sonora no quarto — não neste — no outro — em que há muitos anos debruçou-se sobre o corpo de certa mulher desconhecida. Tentou ser simples então. Mas o trato com as palavras já começara a trabalhar nele; disse a si mesmo várias vezes numa voz interior que procurava imitar o compasso da de seu professor de ginástica pelo rádio: "O orgasmo é festivo e simples — uma coisa rápida — festiva e simples". Mas como o trato com as palavras já se lhe tornara um hábito, já beirava o ofício, dessas cogitações surgiram outras, como um cubo de dentro do outro, no momento mesmo em que o desejo crescia:

"Uma puta é: uma mulher alegre-alegre, sem-vergonha e de lábios pintados."

"Uma prostituta é: uma sem-vergonhice cheia de cálculo sentada à beira da cama."

"Uma meretriz é uma vítima da sociedade. Tem ar muito digno, olhos pisados e não serve mais para o uso." (Haveria alguma associação por contigüidade entre "meretriz" e "imperatriz"?) Pois a meretriz que ele distinguia recostava-se lânguida em um divã e suas vestes lembravam a de uma imperatriz em negativo: branco, preto, roto, cinza.

"Uma meretriz não dá mais no couro."

No homem, naquele em que as palavras já crescem insidiosas e dominam, a expressão popular, o dito chulo, são o pequeno tributo falso que paga na tentativa de obtenção de uma parcela de humanidade comum.

Hoje em dia, por exemplo, podemos ver o Sr. Jarbas torcendo animadamente para o time de futebol Palmeiras ou introduzindo astutamente, em uma conferência, um dito gaiato.

Aquele dia, lembramos, enquanto o seu desejo crescia festivo, mas não tanto, porquanto as conotações a que o levava o termo "prostituta" e o mais o impediam de levar a cabo satisfatoriamente ato tão simples — enquanto o seu desejo descrevia sobre o corpo da mulher ("puta", "prostituta" ou "meretriz", o Sr. Jarbas nunca esclareceu posteriormente na sua biografia editada com grande êxito pela "Cultura" a que termo a mulher mais se ajustava) vários e insistentes vôos de reconhecimento — alguém, alguma companheira impaciente da ocupante do quarto, quem sabe, jogou para dentro, pela janela, uma enorme caixa de pó de arroz que veio a estatelar-se no chão com grande ruído, desdobrando nuvens seguidas de pó.

E isso constituiu naturalmente o fim de uma bem urdida teia de associações — não só de palavras — como de estímulos nervosos.

Ultimamente acontece — tem acontecido com certa freqüência a Jarbas — o contrário. É estranho. E de certa maneira constrangedor.

Quando discorre sobre filosofia por exemplo. Ainda outro dia sobre Kant, os Pós-Kantianos e "A Coisa em Si". Trabalhou diligente e arduamente sobre o assunto estabelecendo uma cadeia de considerações inteligentes.

Mas curioso! Por mais que se esforce ele não consegue ver "A Coisa em Si" como uma abstração; a vê como uma mulher cheia de corpo, particularmente antipática, seios fartos, traz ela os braços um pouco afastados do corpo e ligeiramente estendidos em direção a ele numa atitude simultaneamente protetora, implorativa e indulgente. Sobre o amplo colo jaz um colar de pérolas de quatro voltas que apesar da distância Jarbas distingue claramente, pérola por pérola. "A Coisa em Si" está penteada com esmero, o cabelo preso por laquê. Seu corpo, à medida que o percorremos de cima para baixo, diminui, estreita-se, vindo a terminar em minúsculos sapatinhos de salto, de verniz preto, colocados quase paralelos. O da esquerda está posto um pouquinho para o lado — como se posasse ela para uma fotografia.

Os pés da "Coisa em Si" porém não pousam em nada. "A Coisa em Si" fica recuada, à distância, e paira — como se não obedecesse às leis da gravidade — um pouco acima da linha do horizonte. Jarbas pressente que ela pertença a associações várias como: à extinta "Legião de Decência" (EE.UU.), ao "Exército da Salvação", à "Liga das Senhoras Católicas", à "Sociedade em Socorro da Mãe Solteira", à "As Alegres Mãezinhas em Prol de um Santo Lar" e muitas outras siglas que lhe fulguram na mente e que "A Coisa em Si" recusa simplesmente explicar. Tem plenamente este direito uma vez que é uma autêntica coisa em si.

Jarbas ainda lê. Faz anotações ao lado da página em uma letra miúda e regular. Não se permite anotações como: "Excepcional!", "Inteligentíssimo"! As anotações que faz rezam assim: "Reconsiderar". "Rever". O mais que se permite no campo da anotação afetiva é: "Prenhe de possibilidades".

Talvez ainda enquanto Jarbas leia, escute a chuva e anote pensamentos, possam ser desfeitas algumas dúvidas sobre a sua virilidade, caso as houver.

Referimo-nos naturalmente ao salão da senhora Weber.

A Sr.ª Weber não é alemã. É, bem ao contrário — se nos permitem a expressão — pernambucana; e nem de Recife. Apesar das ancas largas e das pernas um tanto curtas, os cabelos louros e os olhos azuis fazem-na muitas vezes passar por européia. Isto, é claro, depois que passou a se assinar Weber.

Em sua rápida passagem pela Europa com o Sr. Weber, a Sr.ª Weber aprendeu rudimentos de alemão, aperfeiçoou o seu francês. Leu muito e posto o seu amor à literatura, ao teatro e também um pouco ao cinema, sejam autênticos, percebe-se que a Sr.ª Weber na impossibilidade de os utilizar melhor os emprega à guisa de adorno; um requinte; um mimo.

Enquanto o Sr. Weber foi vivo não foi possível à Sr.ª Weber ter o seu salão literário.

Por vários motivos. Um deles, e o mais ponderável, é

que nos momentos de extrema satisfação o Sr. Weber costumava dar palmadinhas nas ancas da mulher e esta satisfação ocorreu não só freqüentemente como também na presença de pessoas menos íntimas. O Sr. Weber também costumava palitar os dentes em público com a mesma atenção, o mesmo zelo, a mesma testa franzida e preocupada com que os atuais amigos da Sr.ª Weber discutem, por exemplo, o significado nos Estados Unidos da "pop-art".

O contato que o Sr. Weber, em suas primeiras andanças pelo interior como caixeiro viajante, teve com sitiantes e pequenos fazendeiros, fez com que para a Sr.ª Weber fosse sempre penoso ouvi-lo falar o português. Daí talvez tenha advindo o seu esforço em aprender a língua do marido; esforço nunca satisfatoriamente logrado nem suficientemente louvado pelo Sr. Weber.

O Sr. Weber ao morrer deixou para a mulher razoável fortuna. Rapidamente foram esquecidos todos os penosos detalhes sobre o Sr. Weber. Ficou a ela, além do sobrenome e da fortuna, a conquista literária arduamente adquirida. Não é uma mentira, repetimos, este já mencionado amor da Sr.ª Weber à literatura. Mas não chega a ser o seu feitio.

Diríamos que: — À falta do que fazer com os seus conhecimentos ela os traz como um desses broches ousados que prendem o decote bem à altura dos seios ou nas costas um pouco abaixo da cintura.

O salão da Sr.ª Weber é freqüentado por europeus e brasileiros. Ela, com seus cabelos louros e suas ancas largas e dolentes facilmente estabelece um elo entre ambos os grupos à medida que passa oferecendo chá, café, uísque ou uma pinguinha de Caruaru atualmente muito em voga nos círculos intelectuais e que se intitula bastante expressivamente: "Chorando na Rampa".

Quando Jarbas Toledo toca a campainha é festivamente recebido já no vestíbulo.

É espantoso. Ainda não compreendemos. Como este homem comedido, que pesa todas as suas palavras, que anda asseado demais, que tem as unhas limpas demais, polidas e esmaltadas — cujo corpo raras vezes recebeu o sol — pois bem — é espantoso como de um simples tilintar de xícaras e pires de café, oferecimentos de cigarros ou bebidas, citações, explanações e discussão sobre "tudo" o que seja literatura, o Sr. Jarbas tenha, com estes elementos apenas — partindo daí, exatamente deste ponto — dormido com um número tão grande de mulheres a começar da própria Sr.ª Weber. Mulheres que como a Sr.ª Weber usam a sua erudição entre os seios, à altura dos ombros ou tristemente presa entre os cabelos à guisa de farolete ou estrela indicadora.

Como é que este homem — que já temos alguma dificuldade simplesmente em imaginar, pela manhã, nu e distraído sob o chuveiro — como é que este homem discreto, que ouve atentamente a Sr.ª Weber: a refuta, a contesta, a ilustra com a sua sabedoria — como consegue — por que passe? — daí, exatamente deste ponto, frisamos — passar com tanta segurança para a cama, executar o que dele se espera com a precisão de uma frase brilhante e bem acabada e em seguida sair pelo outro lado já pronto: vestido, discreto, palrador, não propriamente enamorado; esquecido, cavalheiro; como?

Tolices afinal. Cogitações sem a menor importância. Revelam apenas que o Sr. Jarbas viveu organizadamente na maturidade. Que teve um ofício, que o exerceu; que usufruiu do meio propiciado pelo seu trabalho.

Porém já não se acha perto da janela. Ninguém se acha perto da janela.

Morreu ontem e será enterrado hoje.

Ao pé da sepultura sou o indicado para fazer o seu necrológio.

Visto-me inteiramente de negro.

Alguém roça por mim; empurra-me. Recuo com medo de cair no buraco que está sendo cavado; assemelha-se a um valo; a uma depressão mais funda. Chove ainda e pequenos regos formam-se e retardam o trabalho do coveiro. A água arrasta porções de terra, folhas, galhos, fragmentos difíceis de serem distinguidos. Depois, à medida que a cova se aprofunda torna-se mesmo impossível perceber na sombra o que seja; o caixão que acaba de ser colocado confundo-o com o próprio fundo da cova. Coisas a que não posso dar nomes pois não as discrimino.

Isto há um mês.

Hoje ainda me acho imóvel e no mesmo lugar.

Supervisiono a última etapa na execução do seu túmulo. Uma pedra de mármore escuro, vasta e retangular é colocada sobre o lugar em que estão enterrados os seus despojos.

Dele independe como agora suas palavras (sou o seu editor e também o seu testamenteiro), dele se destaca.

Um pouco de sol a ilumina.
Sim, foi um trabalho feliz este mármore recortado.
A esta simplicidade e concisão, ao acabamento sem arestas, arredondado nos cantos, chamaríamos a sua inteligência, a que o sol oblíquo de inverno por momentos empresta a aparência da verdade.

2.
A sua medida

Uma vez uma criatura viva. (Um menino de seis anos.) Tão viva que todos os ruídos do dia ela os guardava na concha do ouvido para os ter de novo à noite. Os ruídos da noite, por sua vez, subiam degrau por degrau, lanço por lanço, a escada, ou escapavam de sob os móveis e aconchegavam-se sob as suas cobertas.

Dos ruídos diurnos e noturnos, da sua mescla miúda e trabalhada, formavam-se os sonhos do menino. Na sua cabeça redonda e bem plantada no tronco, o seu nome colocava-se na fronte como um pequeno anúncio: André Alcides de Andrade. Dele, os sonhos partiam, as asas graciosas e desdobradas, antigas embarcações aéreas vislumbradas nas fotografias amarelecidas. Sonhos montados com cola, armações leves de taquara e seda. Sonhos que se aprumavam receosos e oblíquos na cabeceira da cama antes de alçarem vôo, para — à medida que a noite avançava — tornarem-se esplêndidos e iridescentes.

Uma vez uma criatura viva. (Um homem de quarenta e seis anos.) Criatura tão viva quanto a outra, porém nesta, em um movimento invertido, os ruídos do dia recuavam todos, escoavam-se pela concha de seu ouvido para que a distância lhes tornasse visível o contorno.

À noite os ruídos costumeiros passavam a inaudíveis. Um degrau, mais um degrau, e mais um e um, tão baixo na escala dos sons.

A atenção com que este homem observava os ruídos do

dia à distância, a extrema concentração e a extrema consideração a qualquer pormenor, davam a estes ruídos a possibilidade de se transformarem também eles em coisas: coisas partidas do dia passado, reerguidas e montadas em uma armação leve porém consistente, coisas que pairavam diante dos olhos do homem até quase o amanhecer.

Os ruídos noturnos apenas estavam na mescla de tudo; formas espezinhadas, pequenos insetos de cujo corpo escorresse alguma resina modeladora e liame para as claras e recortadas figuras do dia.

Este homem denominava-se escritor; nem famoso, nem bom. Na sua cabeça pesada, quase calva, na pele escura e esticada, o seu nome inteiro: Antunes Afonso de Azevedo, colocava-se como modesta faixa, os dizeres pintados em fazenda grosseira. Um dístico que ele não recusava e que pouco o explicava.

Escrevia com obstinação, com tenacidade. Aplicava o ouvido, ouvia e voltava a escrever,

... e voltando a escrever começava a ver. Via todo um mundo, todo um mundo velho que lhe aparecia sempre como limiar de uma nova paisagem. Sua casa, seu Volkswagen de segunda mão, o banheiro de ladrilhos desiguais e encanamentos antigos onde um homem sonha e evacua com igual precaução; a sessão de cinema às dez, aos sábados: as coxas de sua mulher ajeitadas a custo e apressadamente na cinta antes de partirem. Sua mulher: seu buço apontando escuro sobre o lábio, uma sinistra aurora pelo avesso, sua menopausa apontando precoce, uma ameaça ainda distante porém certa; a conversa costumeira da mulher com as próprias entranhas, o suave ronronar de suas entranhas, a eventual iluminação intestina a que são dadas as mulheres — às vezes, apesar de tudo — debruçadas tristes em um futuro masculino e incertas, ainda que perseverantes, no seu papel de "incentivadoras". O jornal, os companheiros do jornal, seu nome, seu nome escrito na faixa de pano grosseiro flutuando sobre o jornal, sobre os livros, desgracioso o nome, porém de certo peso o tecido, dessas faixas compridas como aquelas com que nos pianos o teclado fica protegido do pó: afinal, respeitável em sua queda surda e posse sobre algum corpo.

Este homem penosamente abrira caminho escrevendo, penosamente conseguira manter o seu nome nas citações, mantê-lo lembrado, ainda que de forma secundária.

O mundo do seu *living* contrafeito e "moderno", das poltronas desgastadas nos braços, dos serões com os outros escritores, da meticulosa conversa avançando passo a passo por entre os verbetes do momento. Este mundo no qual fazia amor com a mulher contado pelas batidas do relógio — o velho pêndulo de lá para cá: ritmo ou métrica na cópula? — neste mundo em que sua causa já estava ganha — era um escritor menor, seja dita a verdade, porém de reputação firmada — neste mundo estava sempre disposto a descobrir, a despir as conhecidas formas que o habitavam, em outras: quais? que profunda felicidade? que coragem? quando?

E por isso escrevia ele e voltava a escrever. Agora, neste quarto fresco, cercado pela paisagem de Campos do Jordão, antes pressentindo do que realmente sentindo o cheiro dos pinheiros, ele persistia em escutar. O quê? — O dia que se fora: suas dispersas imagens e fisionomias, seus sons, seus ruídos menores.

A mulher abriu a porta com cuidado, ficou parada atrás da cadeira. Desde que haviam subido a serra e o pequeno carro passara brilhante de sol sob o dístico onde se lia "Bemvindo à Montanha" começara ela a sentir algum desassossego.

Haviam-se instalado em uma pensão — poder-se-ia mesmo chamá-la de hotelzinho — em Capivari. Os hóspedes encontravam-se a todo o instante, ao cruzarem pela única sala onde, à noite, achava-se sempre acesa a lareira. De dia, quando o tempo estava bom, sentavam-se diante do hotel, enfileirados em espreguiçadeiras, recebendo o sol.

Antunes voltou-se na cadeira: — Então Cristina? — perguntou, sem que nada em sua voz revelasse curiosidade ou impaciência. Os olhos mortiços, a pele frouxa só ao redor da boca; tirou um lenço do bolso e enxugou cuidadosamente os lábios.

Cristina disse apenas: — Eu já vou me deitar. Você se importaria de continuar escrevendo na sala? Não tem mais ninguém lá embaixo, todos já foram dormir. Você sabe, não consigo pegar no sono com luz acesa.

Antunes bocejou e abriu as janelas do quarto. O cheiro dos pinheiros vinha tão forte agora, fazia doce pressão em seu peito, empurrava-o para o fundo do quarto. Contra o céu limpo, divisou o contorno de duas araucárias. — Não vou mais escrever hoje — disse ele por fim, reunindo as folhas de papel. Suas mãos eram pequenas, desagradavelmente macias, as folhas escorregavam.

Cristina olhou-se no espelho. Nada a protegeria da morte certa e da velhice. Nada. Em Campos o soubera. Que importava a todos os que passavam diariamente, de lá para cá, em frente ao hotel, que seu marido escrevesse? Os que passavam não tinham profissão nem nome, preocupavam-se apenas em se queimar, montar, encontravam-se aos bandos pelos morros — dançava-se nos hotéis, no clube — compravam "Lembranças de Campos do Jordão". Os serões de sua casa, quando do primeiro andar, pois havia dias em que não descia, ouvia a voz do marido e a dos amigos conversando; os *vernissages,* os diz-que-diz-ques do jornal, as eventuais telefonadas: "É da casa de Antunes A. de Azevedo, o escritor?" — tudo isso e mais São Paulo dissolvia-se como chuva miúda, a casa mesma minada pelas chuvas, o amor submisso realizado sob as cobertas ou falsamente "erótico" e "livre" no tapete da sala, o desgaste dos cantos da sala, os quadros "inteligentes" enfileirados "tortos" na parede, as amigas, os jantarecos, os papos "atualizados", onde estava tudo isso, e como bastaria agora para a proteger?

Sua pele já era flácida. Quem se importaria com sua pele, com o sangue único, de percurso único que a coloria?

Se ele — pensou Cristina — ainda fosse um escritor realmente famoso, então talvez ela se achasse protegida mesmo ali em Campos. Lançaria contra o sol e o vento, e o ridiculamente doce aroma dos pinheiros, lançaria bem contra o céu, este céu metálico e frio, o nome do marido: uma estrela de primeira grandeza; uma afirmação de ambas as existências. Ela erguida voluptuosa no *peignoir* inflado, arrastada pelos ares feito cauda de cometa.

— Sabe Antunes — disse Cristina devagar, sem o olhar — você passou o dia todo escrevendo, não sei se soube... toda a vila comenta... sabe, o menino, aquele da pensão Suíça que vinha brincar aqui com os filhos do italiano, meu Deus, morreu arrastado pelo cavalo. Caiu do cavalo, o pé ficou preso no estribo, ele veio batendo com a cabeça, primeiro na terra, depois no asfalto. A mãe está feito louca. O pai vinha justo hoje de São Paulo. Deve ter chegado às oito. Você pode imaginar...

Antunes não se moveu. Fitava-a ainda.

— Aquele menino — repetiu Cristina — aquele engraçado de cabelos meio crespos. Não me diga que não sabe qual é. Você o chamou outro dia para ver o helicóptero no céu, não se lembra?

Antunes virou-se e fechou a janela. — Me disseram na hora do almoço. Um perigo — continuou, — coitada, pobre criança. Se eu tivesse um filho nunca o deixaria andar em cavalos alugados. Um perigo. — A voz condescendia em responder e comentar; nada acrescentava. Caminhou devagar para pegar o pijama.

— Seu nojento!

Antunes entreparou e voltou-se mais uma vez para a mulher.

— Nojento. Nojento. Nojento — repetiu Cristina quase gritando. — Eu sei. Eu sei a que raça você pertence. Está aí com este ar de mosca morta, este ar de palerma. Não me diz nada. Nunca me diz nada. Não sente nada. Exceto, naturalmente, às vezes, azia. Seu idiota! Eu sei. O menino morre, se arrebenta todo, que horror, meu Deus, que horror enorme, você continua dormindo em pé. Mas, ah! eu te conheço meu velho. Eu te conheço! Ele te serve bem! É a tua medida. A tua medida! Você vai escrever um conto depois. Um poema, quem sabe. Vai falar dele, seu sem-vergonha! Um conto cheio de sutilezas, arrepios, nada da gosma escura que deve ter se espalhado daquela cabeça, hein? Eu sei. Aí está você feito um palerma cozinhando em banho-maria suas palavrinhas cuidadas. Mas ninguém precisa delas, entendeu? Ninguém. Ninguém. O menino morreu, morreu de vez, morreu de todo, será que você não atina? Meu Deus, mas que horror enorme!

Chorava desesperadamente, convulsivamente. Sentou-se na cama. Chorava com o corpo também, a cama rangia, chorava com extrema violência, as mãos espalmadas nos joelhos.

Antunes aproximou-se e lhe tocou de leve nos ombros.

O choro redobrou de violência. Chorava como uma mulher se permite chorar. Como uma mulher casada há muitos anos e já não muito nova se permite chorar. Chorava sem pudor. Mas não chorava o menino, ou, quem sabe? Como água de enxurrada o seu choro misturava de roldão figuras próximas e distantes, fazia rodopiar as poltronas desbotadas do *living,* descia pelos morros, levava muita coisa: fragmentos de sol, sustos mesquinhos, todos os vidros da farmácia da vila iluminada à noite feito enorme e grotesco brilhante, risadas, risadas, carregava a temporada de inverno bem alto, arrastada pelas águas e erguida como um troféu, postiça como um desses gorrinhos de turista de muita cores... e lá ia.

Chorava enfim a sua traição para com o marido. Pois que o traíra. A palavra era pesada e de mau gosto. No seu meio a coisa não teria sido descrita assim. Muitas outras palavras seriam aventadas antes: "frustração", "liberdade", "ele, ela, ele, ela". Pois sim. Mas o traíra. Era isso. A palavra tinha pingentes, ouropéis, era feia, desgraciosa. "Traição", muito bem, a palavra cabia inteirinha em um "tango argentino", não em um bem dançado naturalmente, quando então o que é vulgar adelgaça-se e ganha o movimento breve da elipse: o do *tango intangível;* cabia era em um mal dançado, em um muito mal-acabado. Traíra-o com um sujeitinho, um turista. Traíra-o no quarto de outra pensão igualzinha àquela, quase um quarto de hotel. No peso do corpo do homem vinha todo o sol de Campos, todo o calor fazendo-a dormir despreocupada. Dormia a sono solto e chorava hoje e arrastava o seu sono de ontem boiando nas águas, já disforme e inchado.

Amara-o, e no momento que mais o abraçava tocara aquele mundo inacessível, galante e fácil, erguera nos braços uma "temporada na serra" era "uma senhora fazendo sua estação". Abraçava e era abraçada pelas montanhas. — "No auge do inverno há geada, parece que se está na Suíça, verdade." — Abraçava os pequenos cafés tocados pelo último sol da tarde, pendurados nas montanhas; abraçava os conhecidos encontrados nas compras comuns na vila (quase somente os hóspedes da pensão, quem mais a conheceria?), abraçava-os, protegiam-na eles com palavras casuais, as mais casuais, as mais corriqueiras.

E Cristina chorava. "Ele" acreditara nela. ("Ele" morava há muitos anos em Abernéssia na condição de ex-doente; algumas costelas a menos faziam-no andar com o ombro esquerdo descaído, o corpo inclinado curiosamente para a frente, como se estivesse sempre na iminência de perder o passo no meio do salão e arrastar alguma dama consigo; o que o marcava de infinito encanto; com o melancólico sentimento do "precário" e do "provisório". Em todas as temporadas, como quem sai de prolongada hibernação, deslocava-se de Abernéssia para Capivari, vestido pelo último figurino da vila. "Ah, estas meninas loucas por sol, por vadiagem e cheias de manha!" Pegara uma, uma autêntica turista, destas que só querem passear, "não tão menina assim é verdade, mas que classe!" — Seu gorro bordado deslizava em sua cabeça enquanto andava — "Bem-vinda, bem-vinda à montanha!").

Cristina passou a soluçar baixinho, a resmungar, a mastigar palavras incompreensíveis.

Antunes ouvia de maneira extremamente clara os cascos do cavalo.

A cabeça rodava, batia no asfalto e abria-se como uma caixa de surpresas para a luz.

Ele via os olhos do menino saltando fora resplendentes do dia, vertiginosamente enxergando o azul... até quando?

Antunes escutava com atenção, com a mais concentrada atenção, o grito prolongado, o relincho, os cascos.

Quando o menino soubera? E quando deixara de tudo saber? Quando o céu se encurtara finalmente e caíra dobrado sobre o seu corpo?

E ele via — via sempre — via a cabeça iridescente, coalhada de azul, rolando no asfalto; com extrema concentração escutava ainda os ruídos diurnos, então já diuturnos: o seu mais entranhado desespero — a sua medida.

3.
O conto da velha cativa dentro do pote

O céu é baixo, vermelho e curvo. Começa no beiral do telhado, descreve um semicírculo e termina adiante no limite do muro. O chão é de terra batida. À direita há uma plantação de folhas aromáticas: erva-cidreira, hortelã-pimenta, guaco e mastruço. À esquerda uma horta com tomates, alface e cenoura. Há também capim-gordura crescendo perto do muro onde a sombra é maior, uma pitangueira e um abacateiro ainda pequeno.

No peitoril da janela, um pote de barro. Seu bojo descreve curva semelhante à do céu: também vermelha, baixa também; interrompida abruptamente. No interior do pote porém a curva se faz úmida, escura e fresca; no fundo encontra-se um pouco de terra molhada mais a semente de uma planta. As mãos da velha cercam o pote. Seu olhar detém-se no horizonte: a linha que divide o muro e o céu. Circunda cada uma das suas íris aquilo que se convencionou chamar "halo senil"; o contorno da íris por isso se faz menos nítido; os olhos surgem ligeiramente embaçados e ganharam uma tonalidade azul; embaçamento semelhante ao do sol nos dias prenunciadores de muito calor; semelhante ao observado na lua nas noites abafadiças, sem aragem.

Encostada à parede perto da janela está uma mesa tosca, de verniz riscado. Dentro da gaveta encontra-se um par de óculos fora de uso. Uma das lentes é muito mais grossa que a outra e apresenta racha oblíqua em toda a sua extensão; a armação é antiga, de tartaruga e uma das hastes acha-se quase solta pela falta de um dos pinos.

São os óculos da velha e estão quebrados há três anos.

Um dia a velha disse:

— Quando estiverem todos crescidinhos — e apontou com o dedo as suas quatro últimas crianças brincando no quintal — então eu vou ter muito tempo para ler.

Nenhum dos filhos mandou consertar os óculos porque quando estes se quebraram já se declarara na velha o processo de esclerose e ela quase não lia.

A esclerose está dentro do seu corpo, arbusto esgalhado e branco; ramifica-se, atinge a ponta dos dedos, chega à raiz dos cabelos; mas o seu avançar é a redução progressiva do movimento; é a retenção das coisas, emaranhadas, na desordem. Antes que este processo impeça que reconheçamos qualquer ponto de partida, qualquer direção nos pertences da velha, antes que estes pertences se desarticulem numa crescente omissão, cada qual desligado de um reconhecimento no outro, passo à seguinte enumeração:

A velha chama-se Ana Leocádia Araújo.

Completa amanhã 88 anos.

Nasceu na cidade de Santos, lá cresceu, criou-se e viveu os primeiros anos de casada. Pariu 19 vezes; 14 filhos seus estão vivos; criou quase todos e só teve um desmancho e dois abortos. Depois da última gravidez seus cabelos tornaram-se secos e quebradiços, encresparam-se.

Usa até hoje matinê, saias largas mais compridas do que vestem as senhoras da mesma idade e tem um pequeno patec-filipe de ouro, preso por corrente e oculto no bolso interno da saia.

O ouvido esquerdo da velha é como um caramujo: guarda dentro o ruído do mar; como um caramujo, duro e fechado. Assim, quando a velha apóia a cabeça no seu ouvido esquerdo, escuta apenas o ruído do mar, aquele do litoral paulista: espraiado. Há uma certa reverberação neste ruído e dentro dele, à semelhança de conchas entrechocando-se, muitas vozes vêm juntas, sobem como vagas, batem-lhe no lado esquerdo da cabeça; mas nada se despedaça ou decompõe, nenhum som se destaca o bastante para ser percebido como oração articulada. Expectativa só; nenhum descanso. Por isso a velha unicamente se apóia ao ouvido esquerdo quando, ao se inclinar muito para o lado, corre o risco de cair. Isto se dá geralmente à noite, ao ficar de joelhos por muito tempo diante do oratório com a Imagem do Coração de Jesus, rezando para os mortos-parentes. Um joelho resvala e para não escorregar de vez ela cola a cabeça ao seu ouvido esquerdo; duro a ponto de lhe amparar a cabeça, empurrá-la e mantê-la no centro, e não permitir que se incline definitivamente na posição do sono; ou do tombo.

O ouvido direito da velha foi que recebeu a primeira aragem da serra paulista. Na ocasião disse-lhe o marido, comerciante atacadista muito conceituado na praça:

— Leocádia, cubra o rosto com o xale, cuidado com o frio.

A Serra do Mar e a neblina, as duas primeiras coisas a serem temidas na viagem: por úmidas e obsedantes ambas; branca uma, escura a outra.

O que se movimenta é a viagem do litoral à serra e o que se detém e se enreda é a mata e a neblina. Desta oposição nasceu para a velha (então moça, então moça!) a confusa noção de que o mundo ainda não lhe havia sido explicado por inteiro na linha distendida ao nível do mar, rente à espuma. Seria preciso ler muito. Mas..., o quê?

— Leocádia, — disse o marido observando o pequeno livro de capa escura e papel bíblia, no seu regaço — não se atenha a este gênero de leituras. Além de pernicioso leva ao ócio. O romance francês!

Foi na subida da serra que o ouvido esquerdo começou a endurecer. Pouco no início. Quase nada.

Disse o marido:

— Não se preocupe Leocádia, é a altura! Feche os olhos e respire fundo. Assim. Encoste a cabeça; não olhe pela janela do trem que dá vertigem. Sai menino, sua mãe não se sente bem. Deixa que eu guardo o livro, Leocádia. Pode cair no chão.

— Por que a vista dói tanto agora quando leio as palavras, Juca? Será que preciso de óculos?

— É fraqueza do parto, depois passa, Leocádia. Está melhor?

— Tem muito vento, fecha a janela.

O ouvido esquerdo só repete. Palavras? Mas seria então uma leitura em voz alta; ainda que conhecida. Não; repete, é o mar.

O ouvido direito, tão doce e receptivo. O lóbulo da orelha, rosado pelo frio. O marido sopra-lhe (ela lhe sente o hálito no lóbulo):

— São Paulo, Leocádia, vê?

Ela vê e ouve. E está forte agora, de pé no meio da estação. Vê para o futuro, lançada. O futuro rompe-se como os túneis na viagem romperam a serra, na ponta sempre a luz, e mais outra; clara como focos sucessivos que incidissem sobre uma página destacando as letras.

— Vê, Leocádia?

Passada a primeira excitação da viagem, porém, mister se faz reconhecer que ver e enxergar não é propriamente ler; não exige a mesma atenção. Parir incessantemente os filhos por sua vez é desatender a este foco exigente de atenção, assim como fazê-los crescer, vê-los vingar ou se fazerem mofinos. Os parentes mais ricos cruzavam o oceano duas vezes — ida e volta — cada três anos. Ouvi-los também é se encontrar dispersa entre os objetos que trazem da Europa; como o ruge-ruge da seda as suas vozes, como a deposição de pesadas peças de ouro sobre a mesa da sala, as suas pausas. Quedar-se, ainda que alerta, entre a sua fala e o seu silêncio é desatender sempre e mais a este foco exigente de atenção.

Mesmo a leitura do jornal é intermitente.

No ano em que completou 50 anos, a velha (então madura, então madura!), um dia, durante a leitura de "O Diário da Cidade" pensou agudamente e por algum tempo nas dragas; na época anterior à das docas de Santos, nos pontões onde os navios então eram atracados. Para os navios aportarem, muita vez foi necessário dragar o fundo da água. Pensar na penosa desobstrução de uma área de água, pensar em um tempo anterior ao das docas, em um tão remoto tempo portuário, obrigar-se a percorrer pela imaginação o caminho anterior ao de sua primeira viagem, da serra para o litoral, da idade madura para a quase meninice, precipitada pela serra, cegada por cada núcleo de luz no fim de cada túnel, a vegetação litorânea assomando à cabeça, depois a praia, o cheiro de maresia, o mar, finalmente o lodo... a esta vertical queda da imaginação abaixo do nível do mar dá-se uma direção e se a nomeia: o início da preferência do que ainda não se conhece pelo que já se fez conhecido. (O bafo de noroeste no rosto, rente a um pontão.)

— Não consigo me concentrar, Juca, este bafo de calor no rosto.

— É a menopausa Leocádia; não se esforce. De cá o jornal; confunde.

— Espera, Juca, as fotografias, quem são?
— Todas sufragistas, Leocádia, não vê pelo jeito?
— Sufragistas!

A palavra feito uma saia arregaçada sem pudor, melhor dito, "arreganhada" sem pudor; muita coisa se movimenta com ela, muita coisa se descoloca; o miolo desta "Europa Não-Visitada" não mais é apenas a deposição de seda e ouro na região portuária, depois na mesa, sob o lustre da sala. É muito principalmente outra coisa, desconhecida, escuro este miolo, um nó, um começo de desenredamento.

— Desceu com a francesa no porto de Santos e montou casa para ela. A mulher já sabe.
— Mas não, Juca, eu pergunto é sobre as sufragistas.
— As sufragistas!

Um nó, um redemoinho o centro desta "Europa-Não-Visitada". A desobstrução para se chegar a ela, muito mais cedo teria que ter sido o seu início.

O navio, o lodo, a draga.

A desobstrução do fundo, uma outra ordem, inversa, de desobstrução. Pensar tão agudamente no lodo sendo aos poucos dragado; deter-se nele tão agudamente, esta, a forma mais espessa e opressiva da imaginação caída abaixo do nível do mar, a primeira e mais séria aderência ao passado.

Mas a esclerose propriamente se anuncia clara: opaca e branca; vem rente à madrugada, de dentro da neblina na manhã paulista. A Maria Cabreira caminha por toda S. Paulo dentro da neblina. A cabra que arrasta por uma corda tem um pequeno sino no pescoço. Param ambas diante da velha.

— Quem é você?
— A Maria Cabreira, Donana Leocádia.
— É a Maria Cabreira, mamãe!
— Que é que você veio fazer aqui?
— Donana, o seu copo de leite de cabra.
— Mas mamãe, o seu copo diário de leite de cabra!
— Não quero.
— Meu Deus, mamãe, e por quê?
— Cheira à cabra.
— Donana, vamos, faz ficar forte.
— Fortifica, mamãe.
— Não quero. Cheira à cabra.

— Vamos mamãe, veja, branquinho.
— Donana, olha, branquinho.
— Você também cheira à cabra.
— Mamãe!
— Não reparo, não, D. Cotinha É a idade.
A idade!
Ela entendeu. Olha direto, em frente, para os olhos da cabra. É preciso ficar alerta e não mais permitir que a memória resvale; pois este foi o primeiro vão, a primeira fenda, por onde, de início, irão escapar as coisas apenas triviais: a cabra, a cabreira. Dão-lhe as costas agora, reencontram a neblina paulista, somem na igual brancura opaca.

Quando a manhã se tiver erguido completamente e o sol ganhar a coloração generosa de algum fruto amadurecido na faixa litorânea, aqui no planalto o único resíduo de neblina, o único nódulo branco não dissolvido pelo calor, já então fará parte intrínseca da natureza da velha.

Existem várias qualificações, vários nomes para esta espessa zona branca, não penetrada de luz: "demissão", "deslembrança", "omissão", "tradição", "relembrança" — e nos dias prenunciadores de muito calor o próprio sol absorverá — como faz hoje, véspera do dia em que a velha deve completar oitenta e oito anos — certa dose do branco na forma de embaçamento. À sua volta então se formará assim como um halo semelhante àquele observado na lua nas noites abafadiças, sem aragem, semelhante ao que circunda a íris de um olho e lhe empresta vaga tonalidade azul, borrando-lhe o contorno: fenômeno este ao qual se convencionou chamar: "halo senil".

Entre as mãos da velha continua retido o pote de barro.

Pelo traçado da curva o pote vem a limitar (tanto quanto unir) o que do lado externo se faz: "mormaço", "marasmo", "branco cego", "vermelho ex-abrupto"; e no interno: "escuro", "umidade", início de um deslocamento ainda apenas cativo, na condição de semente.

E porque "cativo/cativeiro" é tanto "persuasão", quanto "aprisionamento".

E porque é o "conto" a primeira forma da persuasão, aprisionamento de uma extensão percorrida e ganha no impulso ágil da inventividade rente ao plano da infância: como "fábula", "embuste", "peta", "patranha", "lenda",

E porque, da velha, sou eu o descendente direto mais remoto: menos que infância ainda menos que semente,
declaro:
— deste relato contraído em um só espaço —
declaro-o o conto:
O Conto da Velha Cativa Dentro do Pote.

3.
Realidade / realidade

6 horas e 30 da tarde do ano de 1940. Verão na praia de S. Vicente. O sol quase na linha do horizonte. Helena completa 9 anos neste exato momento do século. Caminha pela praia, sua sombra se alonga, encomprida-se na areia, é muitas vezes o tamanho dela, Helena. Quantas? Assim como sua idade se acha contida no século por uma dízima periódica, o desdobramento de sua sombra se estende sempre uma vez mais além do último ponto em que o olhar de Helena procura fixá-la.

Quando uma criança é colocada de chofre contra o século a que pertence, a desproporção do fato pode acarretar vários e curiosos fenômenos de percepção, entre outros aquele que transmite a impressão de se tornar, ele, o século, incomensurável, no exato momento em que a criança, no caso, Helena, delimita a sua pouca idade com precisão, os dois pés plantados firmemente na areia. Pois que já não caminha agora. Observa, apenas:

Próximo ao primeiro limite em que a sua sombra avança uma fração além de si mesma, encontra-se deitado um homem, os braços estendidos abertos. Helena aponta o dedo na sua direção e diz para a empregada que a acompanha:

— Olha, Joana, um homem tomando banho de sol.

Há coisas singulares porém neste particular banho de sol; coisas que Helena anota cuidadosamente:

1 — O dia acha-se quase no fim: 6 e 30 da tarde.

2 — O homem acha-se deitado de maneira diversa daquela observada por Helena em pessoas que se expõem usualmente ao sol, ou seja: a cabeça está mais baixa que o tronco,

os pés na direção da cidade, a cabeça na direção do mar, a maré chega-lhe aos cabelos.

3 — Finalmente o sol não lhe toca as faces, seus raios correm sobre elas, lhe são quase paralelos, não oblíquos ou perpendiculares. À sua luz, (ainda que indireta, isto é assombroso!) suas faces não ganham nenhum tom vermelho, dourado, rosa que seja. Fazem-se mais e mais azuis! Azuis!

A empregada adianta-se um passo e grita para Helena:

— Mas é um afogado! Um afogado! O mar jogou o corpo dele na praia!

De seu quarto, aquela noite, Helena escuta a mãe recapitular o acontecimento para o pai. Enumera a mãe:

1 — As pessoas que tomam banho de sol não o tomam às 6 e 30 da tarde.

2 — Não se deitam com a cabeça mais baixo que os pés, perto da água, para que a maré venha e a cubra.

3 — Suas frontes não se fazem azuis (azuis!) e sim vermelhas.

E a mãe conclui:

— Helena não tem ainda bem noção do que seja a realidade.

O pai aventa:

— A visibilidade àquela hora não é nada boa. Os volumes de luz e de sombra se confundem. Tudo se torna difuso. É a hora em que os míopes enxergam menos ainda. Helena não será míope? Você precisa levá-la ao oculista. Lembre-se que em nossa família há quatro casos de miopia.

A mãe insiste:

— Helena descreveu-me pormenorizadamente aquilo que de início julgou ser um banho de sol. Só quando Joana gritou que se deu conta.

Engano.

Quando a empregada gritou, Helena se deu conta foi de que o que observava era o *negativo* de um banho de sol.

Porque as coisas estavam dispostas ao contrário.

O pai um dia lhe explicou:

— Observe, Helena, quando uma fotografia é revelada, as coisas todas do negativo passam para o outro lado.

Helena perguntou-lhe:

— Qual lado?

O pai hesitou:

— O da vida mesmo, ora. Onde as coisas são realmente, de fato.

O pai continuou:

— Veja o negativo desta fotografia sua: os seus olhos estão brancos e vazios como dois furos, também a sua boca. O cabelo, está vendo, no negativo parece um punhado de nuvem. Quando a fotografia for revelada, os claros e escuros trocarão de lugar. Seus olhos, lábios e cabelos é que ficarão acentuados. Assim como está, nem dá para se reconhecer você, não é mesmo?

Helena respondeu-lhe; obediente e obstinada:

— Eu nem me reconheço em negativo.

A empregada e Helena deram ainda alguns passos na direção do homem antes que a empregada de súbito estancasse, lhe agarrasse o braço com uma das mãos e com a outra lhe tapasse os olhos. A empregada gritou-lhe:

— Não, não olhe, não olhe. Sua mãe não vai gostar.

Por uma fração de segundo a Helena foi interceptada qualquer visão da praia. Como se estivesse no interior de uma câmara escura. Pôde apenas escutar com redobrada atenção o ruído do mar: igual a si mesmo, desmedido em sua repetição.

O pai um dia lhe explicou as várias etapas necessárias para uma imagem passar de negativa a positiva. Falou-lhe entre outras coisas do líquido formado pelos agentes químicos do qual emerge finalmente a imagem positiva. A esta fase final dá-se o nome de revelação.

Na fração de tempo em que os seus olhos ficaram cobertos, no escuro, da quantidade de água do mar represada por sua audição, vagarosamente emergiu o seguinte quadro assim constituído:

11 horas e 30 da manhã do ano de 1940. Verão na praia de S. Vicente. O sol quase no meridiano. Ele ofusca e ofende as pupilas de Helena como a pressão das mãos de

Joana contra o seu globo ocular. Um homem acha-se deitado na areia, os braços abertos. A cabeça um pouco mais alta que os pés devido à natural inclinação da praia, a cabeça na direção da cidade, os pés na direção do mar. Uma onda vem e chega a lhe tocar os pés. Os raios do sol, quase perpendiculares a ele, batem-lhe nas faces. Estas se fazem mais e mais rubras. Depois ganham uma pesada e quente tonalidade castanha.

A Helena foi assim dada a imagem *exata* de um homem que toma banho de sol. A imagem correta, sem inversão, de como o fato se passa, *mesmo*.

Helena arranca a mão da empregada de seus olhos
— Me larga, Joana! Eu quero ver!
E ela vê:
— Um afogado, Joana! Um afogado que o mar jogou na praia!

A mãe diz ainda ao pai aquela noite:
— De qualquer forma vou levá-la ao oculista.
O pai lembra:
— Um morto! Meu Deus, ela viu um morto! Aquilo não lhe terá "causado impressão"?
A mãe responde:
— Ela ainda não sabe o que é a vida.
O pai indaga:
— E será que ela gostou do presente?
— Mas se foi ela mesmo que escolheu! Espero que a máquina dure em suas mãos. De manhã perdeu três fotos por falta de cuidado.

A miopia de Helena é de 2 graus em cada olho, porém só aos doze anos que se manifestou claramente e foi preciso que passasse a usar óculos com regularidade. As lentes dos óculos impedem que o seu olho se encaixe perfeitamente na objetiva da máquina. Há um pequeno hiato, uma distância entre o olho e a objetiva o que não lhe permite absoluta precisão na escolha do ângulo e do foco, fato que muito a aborrece. Também a irrita ter de usar sempre óculos, agora que se torna moça. Às vezes, durante alguma reunião, tira-os por instantes e os coloca de lado. Os ruídos vários: tinir de copos, risadas, fragmentos de falas e de melodias, bater de portas, arrastar de passos, perdem o seu contorno preciso, uma vez que os objetos que lhes dão origem: copos, bocas, vitrolas, pés, recuam e caem fora de foco; fazem-se os ruídos, autônomos, desvinculados, e nesse desprendimento, ao confluírem para o ouvido de Helena, mesclam-se formando espessa massa de sons, surda e igual a si mesma; como o ruído do mar. Desta quantidade sonora, então, fluida como água, emerge uma outra ordem de imagens, nítidas e brilhantes, recém-deflagradas na retina:

Imagens pertencentes ao verão. Carregadas de luz, iniciando-se sempre claras para virem a terminar em um pesado tom castanho. A vegetação da faixa litorânea paulista destaca-se complexa e profusa, entremeada aos materiais de construção do casario mais antigo da cidade praiana de S. Vicente: telhados de telha-vã, madeirame, vime, azulejo. Aos poucos, à medida que perduram as imagens, o madeirame carrega-se de umidade, o tom vermelho das telhas ensombrece, o vime estala e se rompe, a brisa marinha deixa de soprar, há marasmo e mormaço na manutenção das cores mais quentes e escuras, assim como das formas mais ricas de folhagem, fruto ou azulejo. Existe contudo um determinado instante na duração de tais imagens em que se torna difícil decidir se uma tonalidade mais quente de vermelho ou ocre pertence ao âmbito dos seres que "amadurecem" ou daqueles que "apodrecem". Na raiz desta primeira "hesitação" plástica insinuam-se então várias outras ordens de bifurcações e dúvidas o que produz assim como que uma "vibração", uma tensão peculiar na ordenação dos elementos da imagem, tornando-se difícil para Helena a compreensão de cada figura como um todo. E é quando a sua vista principia a doer e ela constata que deve voltar a pôr os óculos.

Helena cresceu um pouco mais e o oculista da família explicou-lhe:

— As lentes de contato estão cada vez mais aperfeiçoadas. Quanto mais alto o grau de miopia, isto é, quanto menor a curvatura do olho, mais fácil a sua adaptação às lentes. A sua miopia não é o que se chama "miopia magna". É pouca.

Helena perguntou-lhe:

— Então vai ser difícil eu me habituar a elas?
O oculista respondeu-lhe:
— Ah, isso depende,
Helena esperou.
— ... de tantos fatores! Da sensibilidade do seu olho, de sua força de vontade, do polimento perfeito das lentes. Tudo na vida é uma questão de equilíbrio. As lentes devem ficar flutuando no líquido lacrimal. Se flutuam demais, porém, soltam-se do olho e caem fora. Se flutuam de menos, grudam no olho, você sente um ardor, o que significa que está deixando de haver passagem adequada do líquido. As lentes mais aperfeiçoadas são aquelas que recobrem apenas a íris. Estas você pode usar o dia inteiro. Agora, se você quiser lentes de contato para praticar esporte deve escolher as maiores, que abarcam uma parte maior do globo ocular, são mais seguras, você não corre o risco de perdê-las.
— Não — diz Helena. — Não é para praticar esporte.

Gilbert lhe fala quase gritando:
— Se você se dedica à fotografia por esporte, então nunca, nunca, compreendeu, chegará a fazer nada que preste. A fotografia é uma arte, não copia as coisas, "inventa-as" de novo, certo?
— Certo — diz Helena.
Estão ambos fechados no laboratório do estúdio de fotografia de Gilbert, francês radicado no Brasil há 10 anos. Gilbert agita suas compridas mãos molhadas diante do rosto de Helena, respinga-a toda. O "peculiar odor" do líquido de revelação acentua-se. Se Helena não estivesse tão apaixonada por Gilbert, talvez constatasse simplesmente que o laboratório fede. Mas Helena vem de uma família em que os fatos (determinado grupo de fatos) ganham nomes cada vez mais brandos, leves e cheios de arabescos antes de virem a lume.
— Gilbert, — ousa Helena, timidamente — a realidade, o real, o que você pensa...
— A arte fotográfica — arremata Gilbert — é a arte do nosso tempo, aquela que melhor capta o real.
— Mas Gilbert, o real mesmo, quero dizer, para ser captado, precisa antes estar bem claro, quero dizer, a gente precisa saber onde ele está, isto é...

Gilbert aproxima o seu rosto bruscamente do de Helena e o peculiar odor se acentua, se acentua.

Helena, com a mesma obstinação com que resolveu que se acostumaria às lentes de contato, que conseguiria a adequada aderência em suas íris das duas tênues membranas de plástico, decidiu que perderia o seu hímen antes do casamento, isso por lealdade a Gilbert e à arte fotográfica; em suma: por seu amor na pesquisa do real.

Em 1952 em S. Paulo tal plano revela audácia. Particularmente sendo a família de Helena aquela que é. Se é verdade — como já foi dito — que nela (a família) determinada classe de fatos ganha nomes mais e mais esmaecidos, trabalhados como leves peças de renda antes de serem enunciados, outro grupo é nomeado por ordem inversa.

Uma vez, por exemplo — pouco antes de uma tão temerária decisão — Helena discutiu com o avô sobre a lei Afonso Arinos.

O avô sentava-se na praia em uma cadeira de vime e olhava implacavelmente o mar, na linha do horizonte.

Helena explicou-lhe pormenorizadamente o que ela entendia por justiça social, onde, entre outros fatores, devia estar entendida a abolição de qualquer discriminação racial, tal qual prescreve a mencionada lei.

O avô responde-lhe simplesmente:

— Um negro é um negro.

Helena procura se acalmar. Aponta para a linha do horizonte:

— Agora veja, vovô, não lhe parece que a justiça é assim, hum, assim como a linha do horizonte, perfeitamente equilibrada, cobre por igual as necessidades de cada indivíduo, nem um pouquinho torta, nem um pouquinho para cá, nem meio cambaia, ou para baixo...

O avô grita:

— Mas de que fala você? De que fala você afinal de contas? E se surge um navio e vai a pique, daqui eu não o vejo torto? A linha do horizonte é bem próxima em S. Vicente, a água não se agita, não perde o equilíbrio?

— Mas não, vovô, a metáfora dizia respeito só à linha do horizonte, o senhor não entendeu, era em sentido figurado. Era só a linha do horizonte, não tinha que entrar navio nenhum.

— E se não tinha que entrar navio nenhum por que é que tinha que entrar a linha do horizonte em uma conversa sobre negros, hein? Numa conversa sobre negros só entram negros. Um negro é um negro.

— Mas não, avô, o senhor não entendeu a metáfora.

— Mas com mil demônios, quem se interessa pela metáfora? Quando eu me formei na faculdade do Largo S. Francisco me interessava a metáfora para namoro sim, discurseira, farra, muito bem. Quando fui tomar conta da fazenda do seu bisavô, logo depois de formado, quer me fazer o favor de dizer prá que é que serviu a metáfora, hein? Foi isto que fez o café crescer? Foi com a metáfora que o seu tio-avô Deodorico se elegeu senador, hein?

— Mas pelo amor de Deus, vovô, esquece a metáfora. Eu quis apenas lhe lembrar que agora, pela lei Afonso Arinos, um negro tem melhor assegurados os seus direitos sociais. Iguais aos de um branco.

O avô berra:

— E quer me fazer o favor de dizer onde estão eles, estes famosos direitos, que não os vejo? Na linha do horizonte? É água o que eu vejo na linha do horizonte, entendeu, Helena, e se você vê outra coisa além de água é porque a sua cabeça está cheia de metáforas.

Helena retém o choro porque qualquer "excesso ocular" perturbaria o equilíbrio entre as lentes de contato e a sua íris. Com as lentes de contato Helena acha-se sempre de sobreaviso; um pouco mais do que o usual. (Contraditoriamente, as lentes, que imitam mais do que os óculos uma "visão natural", tiram a esta mesma visão a espontaneidade de suas manifestações.)

— O senhor está querendo me humilhar. Fala em metáforas todo o tempo porque sabe muito bem que o grupo de arte "Corretiva", ao qual pertenço, nega validade à metáfora. A procura do real *abomina* a metáfora.

— Bem diz o seu pai que você está cada vez mais esquisita, nem parece mulher. Este seu grupo de arte afinal de contas o que é que faz, se procura o real por que é que se mete com negros? Por que não fotografa marinhas? Que "cousa" mais bela que o mar, minha filha, mais profunda e verdadeira? Por que não faz como o seu pai que sempre fotografou marinhas?

— Mas não é possível, vovô, estamos falando de negros!

— Um negro é um negro e isto me basta!

— Pois se um negro é um negro saiba que tem ele os mesmos direitos que o senhor.

— Nada, entende, Helena, nada me obrigaria a sentar aqui na praia, lado a lado com um negro fedido! Sim, um negro fedido!

Helena procura se controlar:

— Os negros, assim como os brancos, exalam o seu cheiro próprio. Um "peculiar odor". Nossa aceitação do seu cheiro, assim como o do nosso por eles, viria de um maior convívio entre ambos os grupos.

— Fedido! — grita o avô.

E encerra a conversa.

— Não se aborreça — consolou-a Gilbert um dia — Sua família não pode compreender bem tudo o que você diz porque se acha presa à sua perspectiva de classe.

Helena revê o avô com o traseiro firmemente assentado na cadeira de vime; como se estivesse ele, o traseiro, cimentado à cadeira para todo o sempre. E depois, pela proximidade de áreas, vê o seu próprio, e daí passa, ainda por proximidade — rapidamente — à região vizinha. Os três: o traseiro do avô, o seu, mais a região vizinha, lhe aparecem envoltos em uma luminosidade difusa mas persistente — aquela espécie de reverberação que se observa na auréola dos santos ou na areia molhada, batida pelos raios de sol, próxima à última onda. É então que se decide. Tem agora absoluta certeza de que, uma vez o hímen rompido, cairá decididamente fora de sua perspectiva de classe; como um peixe que escapa pelo buraco maior da rede e se lança ao mar alto. De volta; ao real.

— As analogias são sempre muito perigosas — adverte Gilbert. — Quanto às metáforas...

— Eu sei, eu sei,

— Será, Helena? Você me parece tão sem paciência, ultimamente. Você *já* avaliou como é arriscado *qualquer* tratamento simbólico da realidade? Você tem bastante certeza do que quer?

— Absoluta — confirma Helena.

— Querida! — Gilbert fica muito vermelho; depois pálido. Procura controlar a voz. — Muito bem, pode ser hoje mesmo à noite, então. Antes não dá, porque tem sempre gente batendo no laboratório, você sabe, mesmo quando não responde ninguém, o pessoal vai e bate no quarto para ver se estou. Depois que a turma das 6 tiver deixado o estúdio, está certo? — pausa — Lembre-se, você é livre. Não quero exercer nenhuma pressão sobre você. Para mim você é sujeito, não objeto. Há psicólogos que dizem... que dizem... que para certo tipo de mulheres a inteligência do parceiro atua assim como um afrodisíaco. Você tem certeza que o meu intelecto, para você...

— ... *Não* é um afrodisíaco, pode ficar sossegado. Estou simplesmente interessada nas tuas pernas. Nunca na minha vida dei com um homem de pernas tão brancas e cabeludas. Isto me fascina!

— Você às vezes me choca, Helena! Não sente nada por mim? Por que fala deste jeito?

Helena não responde. Está trancada na sua ironia e na sua inexperiência. A solidão que a cerca é fina e solta como areia, ameaça entrar pela pele. É preciso defender-se sempre. Contrair os poros de forma que a epiderme se mantenha escorregadia e lisa; como a de um seixo. Por um único orifício deve haver passagem; para que se possa estabelecer o livre trânsito entre ela e o mundo. O mundo! O grande mundo!

— O mundo é grande! — suspira o ginecologista. E fica quieto.

"Aonde será que ele quer chegar?" — pensa Helena.

— Muito grande! — volta a insistir.

Depois se faz silêncio absoluto na sala. Helena sente que uma sonolência se irradia do centro mesmo do seu nervosismo, ameaça-a como a solidão. Inclina-se ligeiramente para trás na cadeira. Apóia a cabeça no espaldar e fecha os olhos.

... e tudo tão relativo! — continua o ginecologista.

Helena abre os olhos.

— Sim?

— Não tema, minha filha — prossegue o médico. — Nós daremos um jeito nisso. A culpa não é de ninguém. Onde está o moço?

— Na França.

— Na França!

— É francês.

— É francês! — o ginecologista parece subitamente desorientado — E ele volta?

— Oh, sim. Foi para a última exposição da "Corretiva" na Europa.

— Como?

— *Cor-re-ti-va*. Uma "corrente... estética que procura, que procura corrigir as deformações que um *eu,* insuficientemente objetivado, introduz no real".

— !?

— Uma corrente fotográfica.

— Ah, é fotógrafo.

A irritação de Helena possui um tocante traço de melancolia e renúncia. Encapsulada. Mal chega ao rosto.

— Muito bem! — o ginecologista esfrega as mãos. — *Temos, então, um* fotógrafo francês.

— Pois é... Agora, o senhor poderia me explicar...

— Claro, claro, minha filha. Gostaria apenas que o moço estivesse presente. Seria mais fácil, explicando também para ele, ajudar vocês dois a saírem do, do... impasse. A propósito, desculpe-me a indiscrição, pretendem se casar?

— Não.

— Não?

— Não.

— Ah, certo, perfeitamente. Então... cuidadinho! — E o ginecologista acena-lhe com um dedo maroto.

Helena sente pânico. Enorme. "Faz-se de muito engraçado" — pensa Helena — "porque não tem útero. Ou perspectiva de classe; ou qualquer outra coisa. É isso: clinica no vácuo".

Contudo, do vácuo onde clinicava, o ginecologista no momento seguinte articula de forma bastante clara:

— Trata-se de um caso de "hímen complacente". Não é o moço que tem pouca potência. A senhora é que tem "*o* hímen".

— Meu Deus do céu! Mas o que é isto?
— Calma, minha filha, ora, ora! Sente-se! Isso não é defeito, calma. É... um *jeito* do hímen ser. Resolve-se mais dia, menos dia. Não com o moço na França, é claro! ah, ah!
— Complacente!
— Por que tanto susto minha filha? Um hímen elástico, flexível, não se rompe logo justamente devido à sua flexibilidade, à sua "afabilidade", permita-me dizer assim; é "complacente" para com o pênis. Recua sempre um pouco. Por isso a senhora ainda não foi penetrada. Por *isso, ainda* não houve nada. A senhora continua virgem — termina o ginecologista não sem uma pontinha de orgulho. — Ah, ah! Virgenzinha ainda! — E acena-lhe outra vez com o dedo.
"Meu Deus! Virgem e Complacente!"

— Procurei sempre ser o mais complacente possível com você — diz-lhe a mãe, chorosa. — E seu pai também. Por que nunca dá certo?
Helena não responde; há muitos anos não responde. Pensa: "Por isso nunca pude cair fora, em definitivo. A complacência é... é quase como a compreensão, também se amolda, e... todavia... — olha para os pais sentados lado a lado — "se eu avanço, eles recuam, se eu avanço mais, eles recuam também mais, contudo nunca saem do caminho".
A mãe está falando:
— Quando eu morrer, Helena
Helena se assusta. Escuta o ruído do mar. A janela bate. Helena vai e a fecha.
— O mar está de ressaca hoje, mamãe, a espuma está suja, cor de barro.
— Nunca dá certo, Helena, nunca dá. Por que você volta todo o fim de mês? Por que pensa que precisa sempre descer aqui para a praia? Quando eu morrer...
A morte da mãe e do pai. Deveria ser tão simples. Mas por que então estão os dois ali, confusos dentro da própria velhice?
O século avança em tumulto.
— Não entendo você, não entendo você, Helena. Deus é testemunha de que sempre quis conversar com você. Por que se cala?

— Sim, você desce de S. Paulo, Helena, para quê? Por que se cala? Por que não alegra um pouco sua mãe? — diz-lhe o pai. — Os jornais escreveram que a última exposição fotográfica foi um sucesso. Conte.

— Quanta gente de sociedade, hein Helena? Se o seu avô fosse vivo. Ele só pegou o tempo da "Corretiva", quando você se dava com aquele grupo esquisito, lembra-se do francês? Nunca me pareceu um moço muito certo da cabeça. Tinha medo que você quisesse se casar com ele.

— Ela nunca quis casar com ninguém! — suspira o pai.

— Ele fedia — explica Helena.

— Helena, que maneira de dizer as coisas! Explicar as coisas assim, desse modo, por esta circunstância! Além disso não poderia escolher outra palavra, dizer "mau cheiro" ou outra coisa qualquer? — exclama o pai.

— Seu pai, papai, sempre disse "fedor".

— Oh! — (pausa) — Um grande homem. Truculento. Velha cepa. Educado em fazenda. Você tem uma memória, Helena! Você se lembra quando?

— Quando falava de negros.

— Ah — diz a mãe — os negros.

— Sim; os negros. Mas ele, Gilbert, é que fedia... a fotografias, a laboratório. Não sabia manter nenhuma distância. Uma coisa só, as fotos, o mundo, e por isso ele fedia.

Helena levanta-se diante dos pais. Olha-os com a perfeição óptica que lhe proporcionam as novas lentes de contato, compradas uma semana antes. Flutuantes. Flutuam perfeitamente no líquido lacrimal. Olha-os de dentro do engenho do homem. De dentro do seu olho treinado; impecável.

O século avança em tumulto.

Os pais a olham por sua vez com seus olhos inseguros, de pontos infinitesimais, seus olhos de grânulos de areia.

Ah, a paisagem da faixa litorânea. Helena sabe, não a dominou, não a dominou apesar de tudo. O casario mais antigo interfere, o madeirame apodrecido, o cheiro de maresia. Por que o século lhe devolve, nove vezes em dez, a intervalos regulares, latejando, sempre a figura do banhista deitado na praia? Por quê? Por que o sol escurece? Por que as faces do homem empalidecem? Por quê? Por quê? Por que ter que esquadrinhar a imagem, parte por parte, discuti-la consigo mesma? Por quê? Ter de verificar a posição do corpo, medir a relação da cabeça em face do mar, a altura dos pés em relação à cabeça, a posição da cabeça em relação à cidade; medir mais e mais a intensidade dos azuis? Por que ter que caminhar para o centro da morte por dentro da inversão, da profunda inversão da imagem? Por que ter que descobrir a morte arrancando-a do fundo falso de uma figura solar? Arrancando-a como se arranca uma raiz (uma raiz com o futuro de antemão decepado), arrancando-a com os seus dedos instrumentais, habituados à perfeição da máquina? com o seu olho treinado? Por quê? Por quê? Por quê?

O século chega a termo.

Helena senta-se na praia em uma pequena cadeira, leve estrutura de alumínio e plástico, olha implacavelmente o mar. Atrás, a faixa de prédios interrompe a visão da serra. Mais atrás, no planalto, S. Paulo, o trabalho. 6 horas e 30 da tarde do ano de 1999. Não há descanso no corpo de Helena, todavia, nem queda. Seu corpo também é uma estrutura pequena e leve; dominada. Não parece a idade que tem! Não parece a idade que tem! A rendição do século pesa em sua nuca mas ela não se volta, não expõe o rosto para a crua e violenta claridade do fim. Um homem pode ter as marcas do século assinaladas fundas como cicatrizes e mesmo assim exibi-las com orgulho. Não ainda uma mulher. Sua luta tem que começar de dentro, na simulação. Bem dentro, com o útero amordaçado para que não grite e o bico dos seios sempre friccionados para que permaneçam eréteis. Sua luta ainda é como a tessitura negra em um negro e que ainda adere aos ossos e ao crânio de seu dono, cola-se aos seus músculos, às coxas, apanha-o pela virilha, ainda é tão luzidia como aquele seixo frio e sem poros em que Helena tornou sua pele.

A sua pele!

Às vezes, submersa na água represada na memória, a sua pele, à semelhança de uma superfície fotográfica, esboça, revela as mais variadas imagens. Como fixá-las porém, como lhes descobrir a lei?

Realidade, realidade.

4.
Ócio, óculos e ovos de codorna

Fico estupefato.
— Mas o que são e para o que servem?
Minha irmã responde:
— São ovos de codorna, para aperitivos, para coquetéis. Por favor, Henrique, não se faça mais ingênuo do que já é.

Estamos no Supermercado. Examino-os cuidadosamente, ali embrulhados em plástico, pequenos, a casca pintada de castanho. Verdadeiramente incrível! E as codornas, que espécie de aves viriam a ser, afinal de contas?
— Joana, o que é uma codorna?

Penso em demasia. Tenho-me por intelectual. Verdade seja dita: escrevo muito pouco. É que estou constantemente tomado — por assim dizer — de uma certa vasta "difusa-má-consciência".

Joana responde:
— A codorna é uma espécie de pombo.

Simplesmente ridículo. "Uma espécie de pombo!" Roça o maneirismo o se comerem ovos tão pequenos. Sobretudo de codornas.

Penso em demasia, este o meu mal. Não sou como o meu pai.

Meu pai sempre disse: "Eu me fiz por mim mesmo".

Graças a uma incapacidade constitucional de meu pai em se assombrar diante do mundo, aliada a todo um sutil jogo de interdependências "quase" familiares com que soem se cercar as velhas famílias nos velhos sistemas (assim como uma rede fina, flexível e indestrutível; a rede desdobra-se, estende-se, a bola salta, pula, mas nunca cai fora a bola, tampouco se fura a rede), graças às duas circunstâncias, meu pai construiu a sua fortuna. Graças à *sua* fortuna *eu* tenho o *meu* lazer. Portanto: Penso. Conclusão? — Divirjo radicalmente de meu pai. A razão desta tão vasta "difusa-má-consciência" talvez tenha como ponto de partida o seguinte:

Meu pai, que sempre se levantou às sete da manhã, nunca se deitou depois da uma, não fuma e não bebe, meu pai, graças a seus hábitos regulares e à sua tranqüilidade característica — nunca olhou para os lados — construiu passo a passo a "sua-vida-sem-mácula". Desde menino eu o soube "impoluto". Agora vejam: Quando eu visito a sua indústria, eu penso: "O mundo capitalista, bah!" — Mas como quase sempre eu me dirijo à sua indústria para que me avalize um título, não me sinto assim nada tranqüilo. A razão não é a óbvia, como poderiam concluir. Aliás, poucas coisas no mundo seriam óbvias.

Atenção:

Poriam as codornas ovos por motivos óbvios?

— O preço da dúzia está escrito embaixo do pacote, moço.

— Henrique, você me faz passar cada vexame! Não saio mais com você se é para continuar dizendo besteira em voz alta.

— Este o teu mal, Joana. Alguma vez te ocorreu extrair de um ovo de codorna alguma outra coisa além de uma gema?

Joana responde:

— Nunca na minha vida comprei ovos de codorna.

Não me contenho:

— Este o teu mal, Joana, este o teu mal! "Nunca", sempre! Da vida, nunca, nada! Garanto como ainda é virgem!

Joana está a pique de chorar. Positivamente não me interessa a possível resposta. Dou meia volta e apanho todos os pacotinhos de ovos de codorna existentes na prateleira; coloco-os cuidadosamente no carro.

— Saiba, Joana, que compro estes ovos levado simplesmente pela minha sadia curiosidade de intelectual, sem peias nem preconceitos. Compro-os portanto livremente. Saiba ainda que não me rendo a toda esta maquinação, a este conluio de "apelos de venda", a todas essas falsas necessidades criadas por uma sociedade podre. (Realizo amplo movimento giratório com o braço, traço com o dedo um círculo incandescente que abarca o teto, o chão e engloba todas as seções do Supermercado.) Veja por exemplo ali adiante:

Joana olha na direção do meu dedo.

— Ali está meia dúzia de abacaxis, já meio passados, colocados a custo de pé e encimados, pelo quê? Responda-me Joana, pelo quê, hein?

Joana silencia.

— Se você não tem peito bastante para dizer em voz alta, Joana, encimados pelo que, digo eu: — Encimados pelo mais nauseabundo e descarado cartaz: "Sensacional Festival do Abacaxi Japonês! Última oportunidade!" — Você atentou bem, Joana, no tamanho das letras, na cor vermelha, na exclamação, nos dizeres? E que faço eu, Joana? Que faço eu diante de tal desfaçatez?

Joana abaixa a cabeça e não responde. Parece que vai chorar.

— Compro ovos de codorna ao invés, minha cara, entendeu? Simplesmente! Li-vre-men-te!

— Henrique, quanto à minha virgindade...

— Pelo amor de Deus, Joana! Se você ainda fosse um batráquio, quando então toda e qualquer discussão sobre o estado das suas membranas adquiriria cunho de necessidade! como você sabe, num batráquio, as membranas... Joana, por favor, não chore. Eu estava brincando. Tenho absoluta certeza de que não é mais virgem; acho que é até bastante experiente. Vamos! Uma garota já formada e que trabalha!

— Que trabalha, aí está Henrique, o que você não faz.

Este o meu mal. Bondoso demais. Um banana, o que eu sou. Nem por um momento acreditei que ela fosse experiente, menti por pura generosidade e ela me paga dessa forma. Penso em demasia. Daí o meu mal, ou melhor, o meu bem, quero dizer, a minha bondade. Quanto a esta minha tão "difusa-má-consciência", poderíamos considerá-la assim como um hímen que precisaria ser rompido, uma escrupulosidade vã, que me impede a ação e que me dissocia da verdadeira moral, e do mundo!

Ou não?

Saio com Joana e é isto. Ela atrapalha o bom andamento do meu raciocínio. Falava do meu pai. E do óbvio. É verdade, o meu pai me sustenta. Mas o meu desassossego não surgiria porque o meu pai me sustenta. Isto seria o óbvio. E o óbvio pouco me interessa, se é que existe. Surgiria antes porque eu penso graças a meu pai — que não pensa. Nunca se desviou ele, nunca se distraiu. Atentou sempre nos mínimos detalhes. Cultivou a sobriedade e as amizades sólidas. Se foi pouco casto, o foi com hora marcada. Soube ser solene como um sino de campanário quando as circunstâncias o exigiram. Pior: creu piamente na sua própria solenidade como quem nem mesmo um sino de campanário com todas as suas sonoridades deduzidas jamais sonhou crer. O resultado aí está: construiu a *sua* fortuna; presenteou-me com o *meu* lazer. Joana diz que eu sou é ocioso. Mentira. O ócio é como um cachorro sarnento que se coça ao sol. Só serve para ele mesmo. Mas, ah, o lazer! O lazer é uma forma bojuda, repleta, lateja carregadinha de futuro, ressona mas é com um olho aberto! Espreita!

— Henrique, a moça da caixa está lhe dando a nota. Eu acho que passou.

— Passou o quê?

— Acho que foi demais. A carteira aí, veja, não tem dinheiro para tudo isso.

Joana perde o jeito à toa. Falta-lhe *aplomb*, finura. Observem-me:

— Verdade!? Minha senhora, o que faremos? Qual a providência?

— Tem que tirar o excesso, só isso. Oh, que amolação; tem que prestar mais atenção moço! Seu João, nota anulada! Moço, assine aqui, e aqui agora, ponha o seu nome ali e o endereço.

— Que vexame Henrique! Foram os ovos, naturalmente. Vamos, bota os ovos aí em cima da mesa.

— Que indecência de linguagem é essa agora, Joana? Nem que eu quisesse, que não sou calhorda, muito menos codorna; e nem prosaico.

— Absurdo o que você é, absurdo!

— Tá ficando histérica, Joana? Tiro é o açúcar e olhe lá, viu?

(Já estou perdendo a paciência com a virgindade de Joana!)

Como custa a se sair do Supermercado. E se entra tão fácil.

— Sabe, Joana, está decidido; não acompanho mais você aqui nem que mamãe me implore. É a última vez.

— Deixa de bobagem Henrique e me abre a porta do carro; me dá uma ajuda, assim não, arre, como você é desastrado.

Linda esta tarde de outono. Côncava e polida; como o peso de um fruto de chumbo. Quase a noite. As lentes dos óculos estão embaçadas pelo frio. Tiro os óculos para limpá-las e tudo à minha volta borra-se de vez; e fica um pouco mais luminoso o que já continha luz em seu núcleo; e difuso.

Ponho de novo os óculos.

Através de uma oração lógica caminha-se como por uma avenida. Pode-se por ela passar como passa um carro em alta velocidade. Abrem-se todas as janelas (cuidado Joana, os cabelos, os óculos, voam!), há ventilação, a cor sobe no rosto, quase o movimento da pessoa mesma; imita a contração muscular; mas a carne está inerte. Avança-se, porém por trás e pelos lados restaram pedaços de paisagem, escaparam, caíram, nunca mais voltarão a ser o que talvez foram antes do carro atravessá-la, o conjunto escapa. Ou ficam estes pedaços como coisa pisoteada, bicho ou gente que se atropelou e do qual se foge, se foge.

Estava muito aquecido, há pouco, no Supermercado. Talvez eu me haja excedido ou, quem sabe, tenhamos lá ficado por muito tempo.

É possível — em suma — que as codornas ponham mesmo ovos por motivos óbvios. E que em conseqüência, tudo o mais imediatamente se ponha — por reação em cadeia — a desovar óbvia e docemente sobre si mesmo, num movimento incoercível, necessário e contínuo.

Há quem nisso creia.
Há quem mesmo o afirme.
Destes é o reino dos céus.

4.
O senso comum e o bichinho roedor

O par de sapatos encontrava-se perto da porta, colocado perpendicularmente em relação à parede do quarto, um pé paralelo ao outro, separados aproximadamente por uma distância de uns três centímetros. Para não ter que os mover do lugar ao examiná-los, abaixou-se e se pôs de gatas, a cabeça quase ao nível dos sapatos: ambos achavam-se perfeitamente engraxados, tanto que ao aproximar o rosto de um pé, depois do outro, viu por duas vezes, refletido de maneira bastante nítida na superfície polida, o próprio nariz. No pé direito porém, à altura da biqueira, para o observador atento — como era o caso — fazia-se perceptível um pequeno arranhão de forma irregular, assim como um rabisco; também o cadarço estava um nadinha gasto em uma das extremidades. Ademais, conforme a luz vinda da janela incidisse sobre o par, percebia-se sobre o couro uma fina camada de poeira; afastou mais o corpo para o lado de modo a não obstruir a luz e tornou a olhar: na superfície do pé esquerdo, movia-se agora um novelozinho de pó. Aquilo bastou para lhe dar assim como uma espécie de vertigem; uma angústia.

— Nome?
— Felipe Arantes.
— Idade?
— 33 anos.
— Estado civil?
— Casado.
— Filhos?

— Um menino de três anos.
— Profissão?
— Redator publicitário.
— Pressão, coração, estado geral, perfeitos. A vertigem atribuo-a às circunstâncias especiais.
— ?
— Possivelmente tenha permanecido de gatas com a cabeça mais baixa que o tronco, um tempo demasiado. Quanto às circunstâncias especiais, aconselho-o um especialista. Sou apenas o clínico geral.

O guarda-pó branco do analista absorvia e refletia a iluminação da sala, envolvendo ele, analista, em um halo de luz.
— O senhor é um perfeccionista; portanto um neurótico. Ah, não é deste mundo!
— Quem?
— Quem, não. "Que": a perfeição, meu caro Sr. Arantes. Como lhe dizer? Procure mais aproximar-se do senso comum.

O Senso Comum!
Como pudera ter sido tão tolo, e por tanto tempo?
O Senso Comum! O Senso Comum e a Média, por acaso seriam uma só coisa? A Média não seria assim, vejamos, o "comportamento" do Senso Comum ou a "peculiaridade" do Senso Comum? Isto lhe parecia bastante acertado, contudo lembrava-se: ainda há três anos, por ocasião do nascimento de seu filho, o pediatra da criança advertira seriamente sua mulher:
— Vera, eu a conheço desde pequena, ouça o conselho que lhe dou: nada de pesar o bebê após cada mamada e depois confrontar o peso obtido com o da tabela. Você acabará maluca à toa. Pois tenha isso em mente: o peso da tabela refere-se ao bebê médio e o peso da balança ao seu filho. Porém veja a diferença — e aí o pediatra ergueu para o alto um dedo afunilado, longo e até certo ponto triste — o seu bebê é um bebê *concreto,* e o bebê médio um bebê

abstrato; um é *carne;* o outro, *algarismo.* Percebe bem a diferença, Vera? Uma abstração, uma abstração! Prometa-me que nunca fará isso! Repito: O seu bebê é um bebê específico, único, grita, chora, faz xixi — e com suas mãos tristes e aristocráticas deu delicadamente alguns cutucões na barriga da criança, puxou-lhe ambas as orelhas de leve, fez "tum-tum, tum-tum" várias vezes com a boca enquanto balançava-lhe o pênis pequenino de lá para cá. — Agora veja: o seu bebê, por ser o seu bebê, terá um desenvolvimento todo seu, particular, entende? Agora veja: o bebê médio não é bebê único nenhum, é uma, é uma espécie de divisão, de soma, — você não entenderia, se eu lhe explicasse estatística — de súmula de vários bebês; o que vale dizer: é bebê-nenhum!

E como arremate às suas palavras, o pediatra, sempre tristemente — tinha os lábios arroxeados, as extremidades frias e uma fronte demasiadamente ampla — picou a tabela em vários pedacinhos e jogou-a no cesto das fraldas. Condescendeu depois em dar um tapinha no queixo de Vera: — Minha cara, o bebê médio foi inventado para os especialistas como eu, não para os leigos como você.

— Portanto — concluiu Felipe — a Média não poderia ser o Senso Comum, uma vez que o Senso Comum lhe fora aconselhado, a ele, leigo, por um especialista e a Média considerada útil "apenas" para os especialistas.

Fechou os olhos firmemente; tentou enxergar o Senso Comum. Pressionou fortemente ambas as mãos sobre as pálpebras fechadas para ver se conseguia uma maior concentração. Sobre a tela escura de suas pálpebras passou então em revoada um bando de borboletas coloridas; ascenderam, desapareceram na parte posterior. A seguir a tela se viu invadida por uma infinidade de pequenas flores pisca-pisca e de estrelinhas com pontas irregulares de tamanhos diversos. Afrouxou um pouco a pressão das mãos. Continuou porém de olhos fechados. Flores e estrelas desvaneceram-se lentamente, a tela escura esgarçou-se e ele viu o Parque Ibirapuera em uma clara manhã de domingo. O lago estava coalhado de barquinhos, o trem que fazia a volta ao parque passou várias vezes defronte de seu rosto, indo e vindo repleto de crianças barulhentas e pais excitados. No *play-ground* crianças brincavam na barra, no balanço, na gangorra. Estavam todos: o sorveteiro, a avó, o homem dos balões coloridos... Passou bem perto do rosto de Felipe um rosto de pai; a proximidade — Felipe *via* os detalhes — deixava visível a transpiração de sua testa, ele mastigava qualquer coisa com a boca fechada, tinha uma fisionomia contraída, absorta e, de certa maneira, importante, fazia a intervalos regulares um gesto inexplicável com o braço direito sempre da mesma maneira. Felipe recuou um pouco, entendeu, viu o pai a incitar o filho a subir na barra; outros pais cercavam a barra fazendo os mesmos gestos ou dizendo coisas assim: "mais — mais — outra vez — não — agora — vê? — o outro é menorzinho e não tem medo — espera — não disse? — outro dia — não tenho troco — cuidado com o pé na cabeça de sua irmã — outra vez". Felipe recuou mais e abarcou tudo de golpe: a copa das árvores, o movimento sem rumo dos namorados, uma folha de jornal arrastada pelo vento, perdida, um grito, agudo e estúpido, de quem sofreu *pouco porém* com *nitidez*.

Ali se acharia o Senso Comum? — Ah, quase tinha caído, mas ninguém o faria de bobo! A imaginação estava era a lhe pregar peças! Tentava lhe passar uma imagem estereotipada do senso comum como sendo o próprio senso comum!

Detêve-se:

Os Estereótipos *seriam* o Senso Comum?

— Evite os *estereótipos* — disse-lhe o chefe da redação.

— Cuidado, — avisou-lhe o *layout man* — não queira impressionar o chefe da redação se fazendo de muito original. Ele não topa vedetismo. E depois, os clientes são todos muito desconfiados, sabe, uma raça de reacionários. Tenha bom senso.

— Mas ele me mandou evitar os estereótipos.

— Quem? O Pires? Mas é claro. Estou é lhe dizendo para ter bom senso. Não o estou aconselhando a fazer porcarias.

O Bom Senso seria o Senso Comum, então? Mas o *comum* seria *bom* até quando, até quando, exatamente em que grau...; no que dizia respeito aos estereótipos...

O analista tirou os óculos, limpou-os no guarda-pó. Sorriu com desenvoltura. O pano do guarda-pó ondulou soltando uma porção de frechazinhas luminosas.

— Não se torture tanto. Não se preocupe tanto com o significado das palavras. Não planeje em demasia. Viva mais ao sabor do momento!

Ao-Sabor-do-Momento!
Virou rapidamente a esquina. Desviou-se a tempo de um moleque que vinha em direção contrária. Pareceu-lhe apanhar no ar um palavrão inaudível. O asfalto queimava. O ar quente bateu-lhe em cheio no rosto. Nenhum sabor no momento.

Deixou de engraxar tão amiúde os sapatos, o que lhe provocava alguma ansiedade porém as circunstâncias impunham toda uma nova ordem de coisas; ou mais exatamente: uma relativa desordem:

Não foi mais jantar regularmente em casa.

Não bebeu apenas aos sábados e vésperas de feriados.

Teve algumas aventuras sexuais sumamente insatisfatórias.

"O-Sabor-do-Momento" porém ia sempre à frente, corria, corria, uma enorme bolha impulsionada; ondulava feito nádegas de meretriz e tinha todas as cores do arco-íris.

Vera admoestou-o:

Você ainda acaba doente! Aonde pretende chegar com esta corrida toda? Viu no que deu o Macedo? Está ameaçado de úlcera!

Seriam duas da madrugada; estavam ambos na copa. Uma barata espiou por baixo da geladeira.

Vera gritou: — Mata!

Felipe jogou o chinelo, a barata escapou para a sala de jantar.

Felipe gritou: — São como as palavras! A nojenta! Tem patas por todos os lados e fogem!

— Você está bêbado!

— E se a gente consegue pôr o pé em cima, nem por isso, nem por isso, é a mesma porcaria por todos os lados!

— Você está bêbado! Bêbado! — Vera começou a chorar cada vez mais alto, a cabeça encostada na mesa de fórmica, os pés encolhidos sob a cadeira. — Você perdeu completamente o senso comum!

Felipe gritou por cima do choro de Vera:

— Não disse? São umas safadas, elas, todas, sem exceção. E o que é que você tem que estar aí a falar nisso agora, a estas horas? Hein? Me diga! É hora? É hora por acaso? Que mania é esta de estar querendo sempre interpretar tudo o que faço, de procurar causa para tudo? Por que não procura ser um pouco menos complicada, se meter menos na minha vida e viver mais, mais, ao sabor do momento?

Vera enxugou o rosto com o dorso da mão; ficou muito séria. Então falou:

— E eu que pensei que você quisesse fazer, do nosso casamento, um casamento perfeito!

— Você leu o livro?!

— ?!

"O Casamento Perfeito"!

O analista tinha razão. De fato era um perfeccionista.

O livro fora comprado um mês antes do casamento. Volume de 400 páginas, papel *couché*, capa nas cores: azul, roxo, amarelo; em vibrante vermelho: "O Casamento Perfeito", em corpo menor: "Guia Sexual para uma União Feliz"; em cinza contrastante: "Dr. Erik Thomason, ex-diretor da clínica ginecológica de Chicago". O volume abria-se com um prefácio de agradecimento: ao incentivo de sua esposa Nancy, às suas inteligentes críticas, sem as quais provavelmente não teria sido possível levar a cabo a obra; à atenta leitura dos originais e às muitas sugestões de seus assistentes, Dr. Oswald Ratckif e Dr. Tullerman; ao paciente e inestimável trabalho de revisão, de sua secretária Miss Célia Alcott, que também datilografara os originais, enfim os agradecimentos ao Pastor James Clark, Rabino A. Golderman e Padre Taylor, sobre assuntos de doutrina. Vinha ainda o prefácio do tradutor destinado ao "povo brasileiro desejoso em abdicar de velhos preconceitos" e no qual entre outras coisas dizia ser aquele um dos poucos tratados capazes de conduzir a união do homem e da mulher de "forma hígida", por conseguinte livro de esclarecimento, de Ciência Sexual, que jamais poderia interessar aos libidinosos. E no qual se concluía: "Se a verdade vence nos países da Europa, por que também não em nossa pátria? Assim façamos da verdade o nosso fanal e caminhemos confiantes."

O livro continha ainda 40 ilustrações extremamente detalhadas, com flechas em várias direções para que fossem evitadas confusões de sentido.

Continha: 60 excertos dos autores os mais variados, colocados no fim de cada capítulo em um espaço intitulado: "Pequena Pausa". Trechos de Spinoza, Lutero, Dante, Camille Mauclair, S. H. Ribbing (Higiene Sexual), Omar Haleby, J.-J. Rousseau, Santo Agostinho, Leonardo da Vinci, Balzac, Mme de Staël etc., etc. "A mulher é um ser débil, que, uma vez casada, deve sacrificar ao marido a sua vontade e, em retribuição, o marido deve sacrificar-lhe seu egoísmo", Balzac: "Memórias de dois recém-casados". "Prazer equivale à perfeição", Spinoza: "A esposa mais casta pode ser a mais voluptuosa", Paulo Silentiaire: "Epigramas gregos de amor". "Para seres humanos o perfume é quase tão importante quanto a oração, o asseio pessoal, a água e o exercício corporal" Omar Haleby.: "El Ktab". Cada "Pequena Pausa" intercalava-se a períodos extremamente minuciosos e técnicos. Havia por exemplo um esquema preciso e claro sobre as diversas posições do coito, distribuído da seguinte maneira: à esquerda, descrição da postura; a seguir maior ou menor viabilidade em sua execução; no meio, quando seria ou não aconselhável o seu uso; finalmente à direita, o provável grau de orgasmo alcançado.

O Dr. E. Thomason trabalhava além disso com uma quantidade enorme de material coligido e sua honestidade científica levava-o às vezes por caminhos surpreendentes, nunca porém gratuitos; certas frases aparentemente esvoaçantes em relação à matéria exposta, tais como "os morcegos copulam no outono" logo mais entretanto iriam se revelar altamente produtivas para com todo o desenvolvimento de um raciocínio. Outras como: "os espermatozóides devem flutuar em direção ascendente, isto é, em direção dos ovários; é muito provável que a corrente capilar minore a velocidade do movimento de avanço" deixavam entrever as possibilidades que teria o autor como prosador de qualidade, não tivessem predominado os seus pendores de cientista.

O plano para se levar a contento a realização do "Casamento Perfeito" ou "Supercasamento" como também o chamava o Dr. E. Thomason, tinha sido traçado com rigor e minúcia. Porém, — e aí, neste ponto, colocava-se a dúvida — caso todas as etapas fossem executadas exatamente como mandava o livro, desde a criação e manutenção (diária) de um "clima psicológico favorável" até a execução perfeita de algum pequeno detalhe técnico, restaria tempo, ou simplesmente energia (ou simplesmente espaço mental) para o exercício de alguma qualquer outra atividade?

Certas orações como "zonas erógenas da mulher" preocuparam-no tanto que Felipe chegou a sonhar inúmeras vezes com a seguinte cena: Via assim como que uma enorme praça com um coreto no centro. Diga-se, de passagem, nunca o coreto tocava música alguma; os músicos sempre se apresentavam em posição de descanso, os instrumentos sobre os joelhos, imóveis; a série de caminhos desenhados na grama apontava várias direções contraditórias, umas anulando as outras. A última ocasião que teve tal sonho, acordou gritando.

— É evidente demais! — disse o analista. — Mas está absolutamente evidente! Diga-me, por quanto tempo ainda tentou seguir os conselhos de tal opúsculo?

— Não se trata de um "opúsculo" e sim de um "alentado volume".

— Pois bem! Por quanto tempo?
Não respondeu.

Bom, o que o levara a insistir sem esmorecimento, a insistir, fora sem dúvida a frase colocada por três vezes no livro, em lugares diferentes, quiçá à guisa de estribilho: "Ai daquele! Ai daquele que tendo despertado o desejo em sua mulher não for capaz de levá-la ao fim da caminhada. Pois terá de viver ao lado de uma criatura não apenas cheia de tensões, mas traumatizada: *de uma neurótica*".

— Doutor, serei *eu* o neurótico?
— Como disse?

— O homem sempre ejacula de uma maneira ou de outra, como sabe. Não há problema nem precisa haver livro. É simples.
— Sr. Arantes, esteve sempre tão interessado assim no sexo; digo, nenhum outro assunto o apaixonou de igual maneira?
— Foi respondendo: "Deus", quando enxergou em ligeiro movimento ascencional diante do rosto, o par de sapatos, cada pé colocado paralelamente em relação ao outro, ambos engraxados com perfeição. Falou:
— Sim; política.
— Pertence a algum partido?
— Não cheguei a me inscrever no partido comunista.
— E por quê?
Não respondeu.

Alguém na roda era trotskista e dizia o porquê.
Outro fazia poemas sem pontuação, adjetivos e maiúsculas e dizia o porquê.
Apesar dos temas não convergirem, houve briga. O trotskista foi chamado "trocista", ao que respondeu chamando o fazedor de poemas de "Léxico dos Indigentes".
Eram então, todos, muito jovens e espirituosos.
Um ventinho frio, na madrugada, arrepiou os guardanapos de papel sobre a mesa. Foi pedida outra rodada de chopes.
— Agora, você, Felipe, não banque o cínico. Você acredita na ação política, não acredita?
— Política *é* ação.
— Então o que é que está esperando?
— Este aí é assim. Pois se você se preocupa tanto com as palavras porque não escreve de uma vez? Se mexa, ande! Por que não colabora no jornal?
— Vou deixar a biblioteca da reitoria, sabe, peguei um emprego em publicidade.
— Ah! muito bem! Publicidade! O reduto das vocações frustradas! Me diga: você acredita na ação política?
Ficou muito irritado. Sempre falavam de política naquele jeito difuso, com aquele calor e imprecisão. Por isso antes preferia executar um texto publicitário a ficar discutindo;

muito mais. O texto não passaria de um mero reflexo na economia, um *efeito* apenas; no entanto destacava-se como peça autônoma, uma encantadora engenhoca lubrificada e até certo ponto auto-regulativa — brilhava agora perfeitamente acabada, ali sobre a palma de sua mão.

— Seu Arantes, infelizmente nossa hora está praticamente esgotada.

O guarda-pó do analista achava-se sujo de tinta no cotovelo o que o tornava tocantemente vulnerável e humano; quase se poderia acreditar no senso comum como em uma palpável realidade.

— Diga-me porém antes de ir embora. O senhor sempre discorreu assim sobre textos publicitários com esta ânsia, esta ânsia... hum,... como...como se falasse em Deus?

"Quantas patas tem uma barata? Digo, uma palavra?"
"Incontáveis."
"Em que direção caminha?"
"De lado."
"Com qual?"
"Com cada."

— Seu Felipe, repito: Não precisamos de vedetas ou prima-donas aqui na Publiform. Me diga: O que pretendeu com este texto? Faz um esforço danado para ser diferente e original, não é?

— O senhor se engana. Não houve esforço nenhum. Isso me veio por assim dizer: "Ao sabor do momento".

— Não diga! E o senhor acredita que este "sabor do momento" nos ajudará em alguma campanha? Acredita mesmo vender algum dicionário Imbrex com esta gracinha cifrada? Hein? Acredita?

"Realmente o senso comum me foge. Não se prescinde de um certo planejamento nas coisas; é o que constato."

Vera veio vindo, veio vindo, abriu a porta.
— Vera, meu bem, mas que rosto tão esquisito é este?
— É a nova maquilagem de branco modelado em branco, meu bem.
— E que pernas tão brancas são estas?
— São as novas meias brancas de renda branca, meu bem.
— E de onde você chega, assim, já não diria esquisita, porém tão branca?
— Fui ao *vernissage* na galeria Blum.
— Que tal?
— Bom, havia os abstratos.
— Como o bebê médio?
— Que você disse?
— Nada. Não existem. Não choram. Não fazem xixi. Exceto, naturalmente, para o especialista.
— Bom, você quer ou não me ouvir?
— Vera, desculpe, fico nervoso em ver você mexendo estes lábios tão redondos e brancos nessa superfície tão branca, só isso.
— Felipe, você está cada vez mais por fora. E depois não havia só os abstratos, sabe. O importante mesmo foi o *Happening!*
— Eu não disse? Não disse que tudo, até o "sabor-do-momento" deve ser planejado?

Planejamento

Eis a palavra que sempre lhe deu certa tranqüilidade; assemelha-se à toalha quadriculada que Vera pôs na mesa do café, pela manhã. Antes do café, porém, ginástica e suco de frutas. Ajuda.
— Ajuda o quê?
— Vera, se não for pedir demais, gostaria que você não procurasse pôr no ridículo tudo o que diz respeito ao meu analista. Ajuda. Irriga o cérebro; desintoxica; acalma e faz a gente dormir bem.
O sono! o sonho!
A toalha de café inflou, estendeu-se — sua perfeição quadriculada cobriu toda a cidade de São Paulo; dividiu-a em

milhões de compartimentos absolutamente planejados. O sol fez tique-taque sobre a cidade o dia inteiro. Um sol de pêndulo e raios medidos.

Felipe tirou o papel da máquina. Mexeu os dedos com vagar, um por um. Às vezes bem que gostaria de escrever artigos ao invés de textos publicitários. Artigos que contivessem palavras e expressões tais como: "investigação preliminar", "as coordenadas são", "caráter normativo", "vão escrúpulo", "estratificação", "individualizante", *"status"*, "vírus", "África do Sul" e depois muito naturalmente: "alienação". E depois ainda, como quem não quer nada, só para ver o que acontece, soltar — no meio delas todas, como se um pequeno rato fosse solto e saísse correndo por entre as pernas das senhoras e das poltronas — uma outra palavra bem diferente, cambaleante até, tonta de felicidade e cheia de barulhinhos inconseqüentes por dentro.

— Biruta!
— Por que insiste? Sinceramente não creio que seja, meu caro Sr. Arantes. Sabe, o senhor está é muito voltado para si mesmo. Caminhe. Olhe para o mundo!

O analista ergueu-se, apontou pela janela —
— Veja!

E Felipe viu:

O mundo curvo como lhe tinham ensinado.

Ele preso pelos pés bem como lhe haviam dito.

O mundo girava mas ninguém caía do mundo. Todos, como ele, presos pelos pés.

O equilibrista porém tentou outra coisa: prendeu a cabeça no chão e soltou os pés para o ar.

O trapezista, este soltou tudo: Todo-ele-mesmo-muito-solto.

Foi ficando entusiasmado porém o pai deu um berro tão forte que fez ir pelos ares o pacote de pipocas.

— E o que você pensa que é a vida, meu filho, um circo? Um circo? Quero ver no que você vai dar quando for crescido!

Seu corpo foi subindo para o céu; mas parou no meio do caminho.

Estava crescido. Tinha dado um homem.

Mas não compreendeu por que havia parado.

O fulano apontou para cima:

— Que burro! Você não vê então que nós estamos separados das estrelas por milhões de anos-luz? Que sempre foi e será assim? É a nossa segunda lição de Geografia, não se lembra?

Felipe lembrou-se foi da primeira lição de Geografia: se caminharmos sempre na mesma direção, para a frente e em linha reta, acabaremos por chegar ao ponto de partida.

— Compreendo, tudo, finalmente — disse Felipe.

E imediatamente se pôs a andar em círculos e, para não perder o equilíbrio, de gatinhas.

Numa das voltas porém esbarrou nos seus próprios sapatos. Só que agora os seus pés estavam dentro e os sapatos se mexiam o tempo todo, nem por um instante ficavam paralelos.

"Se estou enxergando os meus próprios sapatos" — pensou Felipe — "é que consegui executar uma curva perfeita. Pelo visto, uma curva perfeita vem a ser idêntica a uma reta perfeita. Ambas levam sempre ao ponto de partida, isto é, aos próprios sapatos. É preciso portanto que haja uma diferença de espaço entre uma curva e outra, que eu caminhe em espiral, isso sim. Ah! nesse espaço, nesse desvão é que ficam as coisas, que se passam as coisas, tenho certeza! — Ah! Aconteça o que acontecer nunca mais abdicarei da lógica!"

A lógica!

E antes de se pôr novamente a caminho, sentou-se por um instante no chão para descansar e coçou a cabeça bastante satisfeito consigo mesmo.

Então o analista passou ferrolho na janela, trancou as portas todas e mandou que cercassem o prédio.

Mas dizem que sumiu.

Não o Senso Comum! Este, ao que tudo consta, está cada vez mais bem nutrido, toma papa de aveia diariamente e não tem nenhum vício de monta.
Do Bichinho-Roedor falava eu.

TERMOS DE COMPARAÇÃO - B

1
Termos como um limite crítico

2
Termos como um limite sensorial

3
Termos como um limite noticioso

4
Termos como parte do acervo
- interior
- cidade

5
Uso do acervo

6
Noticiário e acervo: instantâneo

1
Termos como um limite crítico

Termos de comparação

São lidos por especialistas
um pequeno círculo
        ávido.

A avestruz é um bicho-raro.
O poeta uma avis-trote.

A avestruz engole
        tudo: parafusos em princípio.
O poeta não
        digere uma
          única partícula.
       Tudo: fica-lhe atravessado.
no papel, para tanto
       estraçalha e regurgita —

          ei-la: a Arte!!

Com quantas letras escreve-se "destroço"?
e "pútrido"?
       com quantas, "estrutura"?

Para escrevê-las
com quantos dentes mastiga-se?
para romper certas palavras
o que se morde? o que sangra de início,
        a língua?
Mas quem morde a língua
        é o arrependido.
        o que se cala.

        Por isso a avestruz
        é o bicho cândido.
        O poeta, o tão difícil.

Todo o mundo sabe que ela é simples.
Cada enciclopédia a determina.
Ninguém confunde
a localização das plumas
o bico contra o peito: direção na fuga

o parafuso dentro
        do estômago.

        Vamos devagar com os poetas.
Por que são aves?
        Porque regulam o peso de seus braços
        e conforme cismam — voam.

        Avis-trotes porque pulam
inesperadamente
        e quebram os braços.

Lidos por um grupo ávido.
Por que ávido?
        por que de especialistas?

        por que lidos?

 Porque: —
        não engolem
        nem recusam

porque atrapalha
o comum espetáculo circence
do parafuso descendo pelo esôfago
       o seu engasgo, o seu espasmo.

Porque são
       intrusos.
       Não se aceitam avis-trotes
nos circos. — Não comem espadas
       muito menos fogo.

Porque não se juntam
ao comum dos espectadores
na arquibancada
       mansamente digerindo sobras.

Porque não têm país certo
assinalado no mapa
como sói acontecer às avestruzes.

Seu país é:
       Nenhures.

Terra de difícil acesso
sujeita tanto
       aos roedores
quanto à ação
       das irradiações atrozes.

       Em Nenhures
os acontecimentos desencadeiam-se fatais
       ou, ao contrário, lúdicos.

       Por exemplo em Nenhures
as unhas crescem
       sozinhas do solo
simplesmente para
       beliscarem certas
       zonas glúteas.

É o cúmulo! — dizem todos —
É impensável!
Num país sujeito a irradiações
e à fatalidade
as unhas crescerem
e para isso!

Por isso os especialistas se interessam
Por isso sabem
São especialistas, por isso
               poucos.

A avis-trote
— nome científico, o vulgo a conhece por poeta —
também
é estudada nas escolas
fora do círculo.

Mais escassas fazem-se as respostas
a curiosidade nas crianças amaina-se
acalma-se, o poema: ovo choco muita vez
          pois o poeta é fase histórica
                    não escapa —

raramente põe-se
          como objeto de estudos.
De seu autor, pouco provável que se tenha
uma noção menos confusa.

             O povo aclama a avestruz!
             as plumas! ah!
             a esplêndida
             aventura audaz do parafuso!

A criação: contradições (I)

Se estou no mato sem cachorro
Isto é força de expressão
Ou fato consumado.

Se isto é força de expressão
Ei-la que enforma o impasse
Com um máximo expressivo
Em um mínimo de precisão.

Mas se estou no mato sem cachorro
mesmo
O fato se consuma
sem expressão alguma.
Apenas
a presença do mato
a minha
mais a ausência do cachorro.

Morro

perdido
ou comido pelas feras.
Sempre é um extravio.

Não achei o caminho
ou
sendo comido
o caminho me achou,
eu continuei perdido.

Se estou no mato sem cachorro
por força de expressão
A expressão forçada quebra
qualquer senso de equilíbrio

ruptura

da imagem clara
com o fato em bruto.
Nenhum elo
      exceto
        o da metáfora

de cuja eficácia
      se
        duvida
num mundo que se
        objetiva.

Mas
se estou no mato sem cachorro
por força das circunstâncias
Que me adianta expressá-lo
não importa com que força?

Pois:

Se digo: o mato é escuro
Se digo: o mato é espesso
Se digo: eu estou nele
Se digo: não está o cachorro

Quem ouve?

O mato, que não tem orelhas?
Eu, que de mim não dou conta?
O cachorro, na sua ausência?

Mas se é
força de expressão
           mesmo
    Daí
    quem:
transportará a mata,
eu,
o local em que o cão não aguarda,
para fora da expressão, para dentro
do fato por mim vivido?

Pois
um fato se consuma
escuro como um mato
espesso
O fato em bruto
Sem sentidos alertas: como o homem caído.
Sem refinamento como é o faro de um cachorro.
Sem a imaginosa vida da
imaginação vagabunda
que deambula sem peias pelo mato
em se sabendo sem saída.

A criação: contradições (II)

Faço do mundo um relato curto
pois que me acho pronto para um outro
espaço.

Este que hoje declino
descrevo dividindo-o
em quatro,

gomos
como os de um fruto.

Cada qual igual ao outro
mas não o mesmo.
Semelhante apenas.
E nesta fissura entre
um e outro vocábulo: "Semelhança"
                       e
                    "Identidade"

eis que se me escoa
toda:
a língua
líquida e flexível e negra

e nítida feito tinta
e célere e se coagula em quatro
traços traçando as quatro
partes anteriormente descritas.

A tanto rigor dá-se um nome:
                    Tautologia.
A concisão eu amo: Mas não tanto.
Em face do acidente despeço-me:
                    Antes.

O outro espaço a que agora passo
se intitula terra
de ninguém zona limítrofe
também
chamada "Compêndio".

Nota ao pé do Capítulo:

a metáfora sobre
a divisão do mundo em gomos
como um fruto, é inócua.

Não deve causar pânico
                    entre os semânticos.
                ou riso
                    entre os horticultores.

Serviu como servem as hipóteses:
            levemente falsas.
Nunca se sabe o quanto de erro
as habita: uma fissura na superfície?
Talvez não seja hiato
esta linha nítida que se reparte
em quatro partes.
O traçado de uma primeira
planta baixa
que volume abarca?
            — Mundo.
        de uma segunda?
            — Página.

Ponteiro e hipótese

A vida pulsa
não como um relógio (no pulso)
conforme a corda,
conforme o impulso
que o homem imprime
ao movimento do braço
pedindo ajuda.

Pode este estar alto
como bandeira hasteada
na ilha.
Pode estar baixo e em ponta
como o submarino na busca
do corpo.
Pode estar estendido no
horizonte — quase nenhum
apelo.

Pode ser que o homem olhe as horas
e finja que estas realmente lhe contem:
               quando
               e como
               e onde.

Os ponteiros são fosforescentes.
Mesmo à noite acham-se visíveis.
Pode ser que o homem diga — por exemplo —
"São quatro da madrugada"
                        "*agora*
                        como eu predisse
                        aqui no quarto".
e sorria no escuro
e finja crer — como hipótese de trabalho, de vida —
na mensurabilidade do mundo.

Pode ser que o homem repita — por exemplo —
"São quatro da madrugada"
                        "*são,* do verbo ser
                        quatro, o dobro de dois
                        madrugada, a noite que finda".

e sorria no escuro
e finja crer — como hipótese de trabalho, de vida —
na inteligibilidade da máquina.

Pode ser que o homem insista — ainda —
"São quatro da madrugada".

e não acrescente mais nada.
Quieto, quieto. Entre
                    fenomenólogo e
                    telúrico
e sorria
                    (Enfim! Cheio de confiança)
e um tantinho alvar mesmo, diríamos
e pela primeira vez nada cínico.

SÓ QUE NÃO SÃO MAIS QUATRO —
                        COMEÇA A SER CINCO.

Um sinal interrogativo

O rabo comprido traça
um sinal interrogativo.
É cortado curto.
O motivo: a moda
      ou o medo
de que o cachorro pense
      a seu modo

Várias são as maneiras
de se fazer ao mundo
      perguntas
com seu susto, seu individual susto.
Um sinal apenas interrogativo
e tudo até então pastagem, surda
      orelha adormecida
põe-se de sobreaviso.

Há o cheiro do mundo primeiro
que penetra e castiga o olfato;
depois o pêlo de tanta, vida
entre dentes: caçada.

Pode-se fitar os dois olhos do cão
e pensar: no seu rabo ausente.

Nada indica se a pergunta permanece
dentro: nalgum ponto da carne

ou se precipitada pela parte
mais ágil do corpo: extinguiu-se.

Nada indica se houve um dia
mesmo uma pergunta, um la-
çarote erguido ju-
biloso de músculos

mantido por incoercível força:
aquela que interroga ainda que a custa
        de uma
          parte de seu todo

ou se o fato não passou do impulso
para enxotar alguma
          mosca mais insistente
. . . .
As perguntas fazem sempre outras perguntas
como elos que se prendem
a uma coleira
e passeiam à tarde o homem
         pelo pescoço

Besouragem

De um atributo que é do homem
                diz-se: humano.
De um que é do besouro:
                    besoural.
            Existe. Está
            no "Pequeno Dicionário
            Brasileiro
            da Língua Portuguesa"
para ele — besouro — apenas.

            Temo o vento
vindo hoje neste ocaso — meu? da paisagem? —
e agite as folhas do "Pequeno Dicionário"
confundindo-me e aos atributos todos.

Alguns, aliás, sempre habitaram
o limiar de outros.
            Besouragem por exemplo
            diz respeito
            é à humana lida
no que esta
            possa ter de emaranhado
                    mínimo: de enredo
            de futrica.

Nunca ao besouro
nem ao vôo
nem ao ouro
no vocábulo
ou no casco.

Hesito.

Supondo me referir ao humano
ao invés posso me achar
simplesmente besourando
            (não confundir com besouragem
            é outra a origem da-
            quela expressão minha ainda
            não está no mundo quem sabe nunca)

Supondo poder
preocupar-me com a existência
no que tenha de mais crível
posso
estar fazendo chegar aos teus ouvidos
não meu pensamento articulado e sim zumbidos.

Não se trata de metamorfose,
Kafka e o mais, sabes, pois que não sofro.
Espanto-me um tantinho, é certo,
de que o besouro possa
achar-se no mundo à sua maneira
tão própria, besoural,
que a minha, por confronto, empalideça
e eu hesite mesmo em tê-la por humana.

Descrição do engano

Dragão é bicho que não existe.
Põe fogo (inexistente)
Pelas ventas (imaginárias)
A descrição é tão mais nítida
quanto mais mente.
Engana
a sua natural condição
              nenhuma,
              com riqueza
de detalhes.

Diverge do fato: muito menos complicado
                                    este:
        um bloco, um torso, um réptil.
O fato é o real-deposto
sem artimanha.
Como um lagarto ao sol
não tem pressa,
é de pedra a sua espera:
gasta pouco, menos que nada
              em um século.

O dragão (pelas escamas) confina com lagarto
        (pela cauda) com serpente
        (pelas asas) com pássaro.

Os três separados: fatos;
juntos conjugam: a mentira (não sabem)
A mentira se faz coletiva: acéfala.
Muitas cabeças? Cabeça nenhuma.

Qual o seu dono?
Quem o leva a caminhar pelas patas
               (como se fosse?)
traz-lhe comida, solta-o da jaula,
o pássaro não mais se lembra
       que o sustentou no espaço,
a serpente, que lhe deu
       majestade — dando-lhe a cauda.
O lagarto, que lhe cobriu
       a impostura com o próprio casco.
     (Cada escama um detalhe
      do engodo)

O fogo que solta pelas ventas
como o do homem que engole fogo
no espetáculo — não queima.
Acende a imaginação,
fá-la clara e receptiva para o embuste.
No circo, mesmo a morte do trapezista
no solo — continua o ato:
      (superlativo de si mesmo)
      "O Salto Mortal Mortífero"
A Máscara e o Músculo Cardíaco — um só enlace.

Aos vários nomes:
      "Tradição", "Pátria", "Dever", "Deus", "Raça"
o dragão acode como sendo o seu.

Responde com as inúmeras
partes do seu corpo: juntas, articulação, unhas,
anda na direção do homem
subjuga pela nitidez da imagem,
há palavras que são faíscas: como o fogo que vomita.

Há palavras que são faíscas: como o fogo que vomita.

Dióptrica

Intrometido aquele
que se mete
        no que não é
a sua roupa.

Introvertido o que
       se enfia
       para dentro
       de sua pele.

Convexo o que emite
a imagem túrgida
       para outro.

Côncavo o que recebe
a imagem murcha
       em sua concha.

Entrelinhas o que hesita
      no caminho
entre ar marinho e marasmo.

Entre Aspas o que reflete
              o oblíquo
da dúvida em quatro traços.

Parênteses o que a sustenta
              pelos dois lados:
              convexoucôncavo.

Perplexo o que alinha
              letras
              e descobre
na superfície curva
              dois lados
possíveis antes
de se constituir o mundo.

Globo a conjunção perfeita
das unidades côncavas.
Convexa cada parte pronta
a ser expulsa para o éter.

Reflexo o que oscila
              díptero
nas lentes míopes.

Riso a falha
              miúda
entre dentes.

Rasura o acerto
              do engano
              repetido.

Ressalva o erguimento
de suas pontas
              omissas.

Depósito o que atenua
a formação
       do côncavo.

       Deslize
o que desvela
a propulsão
       convexa.

Vidro o que dá nitidez à tinta.
Óculos o que engloba o esférico.
*Fe-
rocidade* a suspeita do tumulto
       feita texto.
Lente o que assinala e queima
       cada termo.
       Medo o que assegura
continuidade ao discurso.

Pedra o que se instala
       como coisa
       a despeito
       do fluido.

Força o que ilumina o interior da pedra
       não obstante a sua
       superfície cega.

       Síntese o que
       a torna elipse
       e uma vez mais a lança
       para.

Especulação
       a retaliação do vôo
       em etapas.

Especialização
       a divisão do sol

nas cores
do espectro.

Método o uso certo
do Absurdo.

Filósofo o que o absorve
e o faz:

Conspícuo.

2
Termos como um limite sensorial

A araucária
(entre os outros pinheiros)

Ela — Arável é o azul
a aragem traz-lhe
novilhas de menos de dois anos: aralhas

Um Outro — (Arcaico é o grito
mais antigo: o cipreste.

Arcaico é o rumo
ignorado: o cipreste

Arcaizantes são
as mãos em ogiva: negras)

Ela — Brancas são as ovelhas no seu sono: nuvens
Verdes estas porções do espaço
Abertas as vogais na sua
prolação mais cálida: aérea.

Um Outro — (Arcaica é a ponta
do pinheiro: agulha

Arcaico é o cimo
do pinheiro: olvido

Arcaizantes são
seus galhos constritores: unhas)

Ela — Soltas estas artérias: ramos, raios
Pronto o acolhimento no seu núcleo
Montanhês e alto o sopro
Feito o fruto o nome
aberto em haste móvel e vária:

"Araucária Angustifolia, Pinhus Brasiliense"

O substantivo

A criatura célebre
morre
quanto?
A posteridade o que lhe faz,
Dá-lhe
Abrigo?
ambas: Posteridade
          e
          Criatura

Sabem

Daquela região tão —
substantiva que se anula,
tão igual a si mesma
que subsiste apenas em
forma de epitáfio?

Uma lápide repete
a tentativa humana
de continuidade
da maneira mais brusca:
                a da moldura.

E a criatura reconhece sua carne
como mármore, ao lhe dar nome:
                    o seu — póstero.

A superfície de uma pedra lisa
tem poucos poros,
Respira
sua intransigência.
É esta —
Memória, Fidelidade?

Eternidade será a superfície
em seus diminutos poros:
            idêntica, idêntica?

Celebridade — a lápide?

A criatura célebre aspira
à pura
Existência de Escultura.

Enforma o olvido.
Dá-lhe
Permanência
na forma.
Dá-lhe
não o substantivo:
        o substituinte.

Orbital : orbitário

O mundo segue o meu olho
como ele globo e curvo.
Comum a perfeita noite
e o descobrimento do dia
no sol erguido
e na pálpebra.

A polpa a mesma:
nervura, rio
e há o que é continente
e há o que é água.

O que exorbita do mundo
vaza
e cessa o que fica:
mundo fixo na rotação
por olho que não o fita
mundo proibido na translação
de seu corpo.

Olho sacrificado
no cristalino
ao mundo.
Límpida imagem
de água e líquen
que se faz quartzo.

Mobilidade da luz

O circo — o tempo
O curto-circuito da
curiosidade
O cotovelo-contundido do
palhaço.

Haverá outro
contratempo mais
torto?
Mais difícil o equilíbrio
dentro da máscara?

A face branca enfrenta
cada criança morta
de sono:
O corpo disfarça
a dor mantendo-se
oblíquo.

Não se apóia em nada
no ar: o cotovelo incha

ele afasta o largo

círculo fechado com um gesto
amplo: intervalo

    Atenção: distrações à margem:

Metamorfoseia-se em outra coisa
qualquer, o homem do trapézio talvez: plana.
    o elefante azul, quem sabe: dança.
    o mágico da varinha
    o urso que se senta
    e arrota feito gente.
Tudo: entre aspas —
menos ele como antes.

Como era
como usara ser
na estréia,
branco, branco
quase transparente
os refletores erguendo-o
um palmo acima do piso
para que fosse visto

quase prateado, quase
        toda a
        luminosidade.

Sensualidade menor

Mapas de traçado tênue
confundem-se com veias
sob a pele clara.

Distraem-nos do verdadeiro mundo
na sua formação espessa
como o azul de veias distrai-nos
do sangue verdadeiro.

Afastam-nos da travessia.
Somos os residentes sobre o frêmito: espuma leve
quase nenhuma.
Os mares são
lanugem nessa pele
seguram-nos pelos dedos
as pontas somente viajam

Há indicações e nomes
u'a mancha um marco
um atrito menos forte que carícia:
as pontas dos dedos contornam
países,

mapas: seu uso suas rasuras
dizeres da absorta soluçante vida
ascendida à superfície:

à epiderme: calmaria sobre esta
carta geográfica desdobrada
leitura quase sono
a destes mapas.

3
Termos como um limite noticioso

Fases da lua

I

LUA CHEIA

de redundância.
Sem sombra de dúvida
na superfície contínua-
    mente retórica.
Discutível rumo de posse
            (poética)
ou discurso lírico.

II

LUA NO QUARTO MINGUANTE

substantiva, diminuta,
pela primeira vez dentro
            do foco.
O Lírico pelo Óptico.
O Rasgo Poético
        pelo Raio Cósmico.
A Ciência contra a Retórica.

O arremesso, o assalto,
a dispersão dos inúmeros

vocábulos gastos
por intermédio de um único
                    insólito:
                    o módulo.

A imagem bate de volta
            no vídeo.
(Eletrônica versus Metáfora)
Lua sem nenhum acréscimo
(inda nem Quarto Crescente)
Contraída, absoluta
dura igual a um punho
batido contra
            o ignoto.

Como toda obra de homem
                no início
sem quaisquer outros nomes
fora o nome que a designa
                ela, a obra.

Um minuto do espanto

e Armstrong pisa o seu solo,
                nosso,
                dela,
                lua,

III

...LUA NOVA.

O helicóptero

O helicóptero
e nenhuma outra máquina de vôo
traz dentro no próprio corpo:
    o vôo do homem
    o risco do vôo
    o descobrimento do vôo

Pelo seu formato
brusco de inseto
fazendo-se homem
no ato do pensamento

Pela desproporção
de suas partes
seu jeito de patas
tateando
o equilíbrio do humano

Pelas suas hélices
de floração
súbita e gigante

Pela sua acepção do "útil":
    imaginativo, absurdo.

Pelo puro bojo lúdico do seu atributo
        "útil":
no homem vem o menino
      — o menino que da terra o aponta
      — o menino que se encerra e viaja
Vai transitivo-transluzente
constrói de dentro o seu crescimento
              de centímetro,
                  radiante:
         de enredo e de aro

         torce botões
elimina aos poucos
o que entrava o espaço
para — contraditoriamente —
deter-se no vôo,
finge a terra no solto
troca-os, ambos...

faz-se faceto
útil-lúdico: o menino, o homem, o helicóptero
faz caretas — usa de metáforas
mente para descobrir-se aos poucos.
Salva um náufrago — um único — transita
                      troca as pernas
                      de chofre
                      acha-se
detido no mais alto cume: — incólume em vão
                            sem combustível
                            incompetente
                            insubstituível.

Débil

Tardo, pequeno e mudo.
Se fala, fala escuro como um poço
                              um fundo.
Se grita, grita: Sonho!

Risos, pedaços de coisas
oratório feito de conchinhas
oração forte para São Jorge
Cow-boy subindo para a lua
Cow-boy descendo enterrado: hoje.

Esta noite o crime.
Ele o fez
de suas mãos inábeis
dedos grossos, braços curtos
interrompidos.
Fez a custo com
"Suor e Lágrimas".
Fez de repente
no sonho-grito.

A polícia soprou todo o fumo.
A luz grande do mundo
acende no rosto que interroga

o corpo morto à faca.
Confessa, fala, olha.

Não sabe olhar olhar de homem;
olha para baixo, de viés
                    ou
num átimo olha através e grita:
                    Sonho!
                    Eu fiz, eu juro!

Sangue nesses pedaços de jornal.
Muito sangue nas letras, no flagrante.
Some o sol.
O jornal amassado dentro de mão
virando punho: emurchece, murcha.
O rosto enruga feito crosta
                    de ferida.

É um débil.

Sua Vida e Valentia, seu amor por Maria Penha
                    (não me lembro, não me lembro)
seus pertences: a virgem cercada de conchinhas
e de cacos
de espelhos como enfeite — estrelas — armas —
          juntos se fazem leve
          sobem no ar, viram, tomam um rumo:

"Débil" é frágil asa, esvoaça
pousa borboleta irisada no pátio
do Manicômio Judiciário;
débil, débil o seu chegar alheio
entre os urinóis cheios e o vôo das moscas.

Homem

Ser negro e perecível,
antes que se faça o dia
        achar-se morto
ser negro e aqui ser quase
ruço, como um albor escuso
          mas rubro
              rubro
no continente África

Ser negro e limpo
          como
todo o gume de faca
todo o sofrer de crista
e aqui se achar sem gume
         o grito
         lábio
negro — preso no sorriso
mas ser dente e golpe
          certo
          e corte
          e corte
          rubro
no continente África

Ser negro e pouco negro

e negro quase nada
quase sem espelhos
em sua casa
suas paredes de
esfarinhada cal e chuvas

A vergonha como casa
há tudo em sua casa:
compartimentos, sono
varanda de treliça e flor

e se disfarça o uso
e aqui balança
na cadeira à tarde

Mas se faz tarde
        tarde

dois planos desdobram-se, estendem-se
duas peles luzidias semelhantes
uma, a progressão do tempo: noite
outra, a progressão do ato: negro

e somam: rubro
                rubro
                acontecimento

África respondendo ao nome:
        mundo.

Negro respondendo ao nome único:
        homem.

Recorrência

O Dilema e o Dilermando
ambos mansos-brancos-pascem.

Dilermando faz-se
homem muito aos poucos
sem dizer

Nada diz de seu o Dilema
Jaz no laço o homem
dentro.

Crescimento é laço frouxo
ou envolvimento?

Dilermando é o lado coxo
da verdade?
Dimensão é o lado
claro do Dilema — o lado homem?
É Dilermando se fazendo?

De que lado vem Malvina
de que jeito dá-se e como

Dilermando sabe quando
o que esmorece
é o morno ensaio na escolha?

Quando o filho faz-se o que
se explica? Alguma coisa?
A bem dizer nenhuma
sempre a mesma
mansa dúvida assentando-se: Dilemática
(acrescida de Malvina)
Como o pai chamou-se o filho: Dilermando.

4
Termos como parte do acervo

interior:

Enterro de presciliana

Boazinha
fica boazinha
se chamam baixio
ao teu ventre
àquela região do corpo
a que dás
uma rara importância
e se chamam ar, puro ar
ao rei que geras
perdoa
têm medo simplesmente
não estão afeitos.

Se chamam caídos
        chorões
aos teus seios
        tu sabes
que à noite erguem-se no escuro
sozinhos e perscrutam
o pai no horizonte:
        O Pai do Filho que Virá
        no Espírito Teu que é Morto.

Se te chamam virgem
        se insistem

o linho do altar
pouco a pouco trabalhado
esses anos todos
    — não moraste toda a tua vida
    nesta cidade de Guarapiranha? —
é que dá ao povo a idéia
de branco sobre branco
    entretecido
de película.

Dize
que ainda fazes doces
(pois o *ainda* é *hoje*) todos
incluindo os de nome mais indigno
como: "barriga de freira"
   e   "baba de moça".

e que enrubesces porque os achas tolos
esses nomes
não porque sejas tímida; és um pouco.

que ainda hoje usas contra
mau presságio a mesma
    mistura
e erva-doce para agitação
de mulher moça sozinha
dormindo sem quem a cubra.

Dize
que não são tuas essas rugas
foi o xale que dobrou-se
não tua pele.

Dormiste
com o moço príncipe
desvirginou-te ele sem pecado
dentro
dos princípios da Igreja.

Um rei abre caminho para a vila
do escuro sobe aos poucos
só no início o cortejo é fúnebre
depois clareia o céu,
        "um rei", "um rei"
        para afirmar por lei
        que não morreste
        sempre-virgem.

cidade:

Últimos dias da anciã em uma casa de higienópolis

Um amontoado lilá
        deposto
para os lados da vitrine.
Vidro e reflexo, íris e o halo
        senil e furtivo.
Os objetos por dentro
do vidro a espreitam curiosos:
pequenos vasos, figura-
        zinhas miúdas
de esmalte e arco de flores.
O sol todo dentro da água,
reverberação para essa face
        de entranhada memória
        e apoucada tristeza.
Desvio com que a fitam as coisas
e a pálpebra branca aceita.
Tão solidão sem saber-se.
O espectro solar desfeito
a articulação primitiva
e de novo um esboço de asas.

O passado da senhorita eu (I)

Pequena criança-ornato.
Querubim e claro pó sobre o consolo.

Finge a morte
para fugir à eternidade
a que a destinam os pais e com que a vestem:
        cetim para esconjurar o medo
        seda para esconjurar o furto
        que os dias fazem
        a esse amor-detido.

        Eles a descobrem
        pelo espelho, mentindo.
        Uma mosca no nariz
e todo o cenário cai de um pulo.

A travessura inda é uma almofada
                            fofa
        um tempo intermédio
onde suas nádegas repousam;
        uma luta
        também fingida.

A mãe se supõe imaginativa
                e muito

por lhe ter colocado, hoje
uma rosa no umbigo.
E foi o pai que a trouxe
        sábado último
trespassado de chuva
a fisionomia severa e exaurida
pelo tanto que o obrigam
"esses deveres de família"
        a que muito preza.

A criança-ornato não mais se altera.
Desloca um pouco para a direita da almofada
— apenas para que saibam um ser pensante —
as nádegas de transparência e arco
        enquanto aguarda
          com a tranqüila face
                glútea
        a consumação dos séculos.

O passado da senhorita eu (II)

Uma lágrima
às vezes é um trinco
      que se abre
para uma sala
      oval-vasta
cheia de cadeirinhas douradas
onde minha tia costura
presa às suas mãos
e minha mãe adormece
e não o percebendo
      continua falando
de como evitar filhos
      durante os sonhos
        e os sonhos
      durante o sono

Minha avó está sob o lustre
                  ereta.
Do olho, um facho de luz
rouba os últimos resquícios
de poeira nos bibelôs.

    Desmaio.
Erguem-me sob o sol
      da sala

e escondem-me
sob o azul do biombo.

Estarei vestida a caráter
      para a hora
em que os vespertinos anunciarem
os últimos lances trágico-
        -sociais.

      Uma lágrima
         às vezes é um brinco
de princesa.
      Um trinco
      se na sua posição
      de repouso
um lacre de metal
      sobre os acontecimentos.

De viés

　　　　Levantou vôo
de canhestro equilíbrio
vôo preso e incômodo
como tampo de mesa
por três pés sustido: oblíquo
　　　　lanço de viagem.
O oblíquo de braços no trapézio
　　　　abertos de través
não o de esquadro
sobre o mapa:
　　　　vôo solto e certo
　　　　de dardo
　　　　o do cartógrafo.

Vôo de esquina, de viés.

A asa distendida em vão
para o grande arco além do muro: o céu
de uma segunda — após — domingo
　　　　pesada de impurezas
onde se abrigam os livros
feito mochos no nicho — na gruta —
　　　　insondáveis.

A perda do impulso
A asa distendida
e mais
na tentativa
de abarcar e repetir em arco
      o céu e com ele cobrir
o casario profundo de marulhos: a cidade,
os homens — os ingentes frutos do
homem — seus anúncios — seus ventres
e pensamentos de néon — que seja —
seu tempo, seu tempo, se fazendo.

A asa esticada como corda.
(O grito dentro da tripa.)

Rombo no ar; rasgão no vôo.
(Queda depressinha e curta
de bicho doméstico.
Aflitiva e alvoroçada: sem perigo.)

O bico contra a lage.

Foi de mulher o assunto
         não de ave.

Lençóis, o peso
de muita água desenfunando as velas.

Foi de pequeno fundo
      de quintal, o assunto;
          não de mundo — e suas viagens.

Registro

Descrevo minuciosamente o filho:
veio de dentro.
O atraso tem os pés presos:
veio atado.
Dividido em dois os corpos:
o Um e o Dado.
Descrevo a corda:
feita na carne.
Descrevo o único traço nítido:
o corte.
Descrevo o definitivo nó: o umbigo.
Revejo o nó: de cego
passando a dubitativo: abrindo-se.

        O sangue invade.

É muito
espesso este futuro
para
poder-se apalpar a sua
intencionalidade.

Muito
líquido este futuro

para
se poder cercá-lo.

Muito
indócil este futuro
para
projetar-se: espalha-se.

Muito
retraído este futuro
para
permitir o seguimento
do seu curso: coagula-se.

Existe apenas na sua
condição de mero registro:
"morte do recém-nascido.
Causa: hemorrágica.
Orifício: o umbigo".

Os fatos.
Entre eles nada
de permeio:
nem o perfil do arquipélago
desenhando-se humano
e fundeado no embarque;
nem a ironia
nem o pânico.

No saguão

A Senhora com um grito
se partiu em dois
ou três, ou quatro.
Como um vaso,
um artifício de cor e louça.
    Uma dama.
    Uma dama partida.
    Uma dama até o instante.
Tão magistralmente vestida
para a inauguração do edifício
    esférico
    "pró encampação dos or-
    fãozinhos vindos
    do seio da magna miséria".

Quem o diria?
Por que haveria o discurso
de provocar essa racha
no peito, osso, pérola ou esmalte,
dividir em partes
seu coração de pêndulo sensível
fragmentar em cacos
tanta bonomia?
    Nem o padre o soube
    quando lhe deu a extrema-unção convicto.

Os anjos permaneceram anchos.
Os santos permaneceram mansos.

Só os orfãozinhos
colhidos azuis do seio da miséria incrível
perceberam que assim como um sinal no céu
faz-se de nuvem, pó e de pressentimentos,
formara-se ao longo do discurso,
como que por acaso,
    uma palavra feia
 — mas muito feia mesmo —
    e des-ves-ti-da.

No museu

Não são inocentes.
Não têm saúde.
Só cheiram mal
por um ato dirigido.
Se cheiram bem
transpiram a identidade.
    Quando homens
      olham o céu limpo
deste fundo de quadro célebre
com um vinco de desprezo e visgo
que lhes assegura a precisão da risca
e lhes imobiliza o passo dentro da prega.
    Nas mulheres —
    as pregas da saia não
desdobram um equilíbrio aéreo, um móbile.
São o guarda-chuva aberto, o borco,
    o cabo, o fecho, o pulso,
tudo contando, menos
a chuva-implícita
que o justificaria.
    Mas há o teto.

O museu espera
que entre aqueles de boa vontade
se destaque alguém, um dia,
homem ou mulher que venha
    e olhe o quadro

como um tiro acerta o alvo.
O olhar em cheio
sem sobra —
para o que seja ao redor:
    moldura ou vegetação pisada
    e partida no ladrilho.

    Um tiro desferido
num alvo que se renda e caia.
    Um sol posto
    na hora certa
    sobre o muro liso.
Maduro e redondo em seu orgulho simples
    de trazer contidas
    as vinte e quatro horas do dia
    em uma simples
    forma esférica.

Gráfico da indigna-ação moral

O arrependimento como
um desmaio de prima-dona.
O arrepio subindo
por estas costas cheias
as vestes caídas
junto ao corpo.

Ninguém a viu, a barata:
autora e parte.

O arrependimento como um friso
de ouro.
O camarote do prefeito
e sua esposa
que sempre pensa em coisas assim
como a rainha da Inglaterra e hipismo
quando vai ao lírico.
No camarote há um primeiro movimento
da parte masculina
para enxergar os seios no proscênio.

Ela está em alguma parte, a barata.
Como um broche preso na dobra.
Um broche que deflagra;
que se prende e solta por própria conta.

O desmaio como um panejamento
uma ameaça
no horizonte próximo do cenário.
O crepúsculo dentro do palco
em curva.
Os seios no proscênio ameaçam
diretamente — já não me limito ao prefeito —
Mas à prefeitura.

"Arrepender-se-iam" em crescendo.
Grande Final
da Companhia em coro.

Quando no forro
do colete do maestro
(Braços erguidos neste momento único)
uma barata detém
pelas extremidades das patas
o remorso na sua forma
mais incômoda: a da cócega.

O polvo e a pudicícia
ou
A inigualável iniqüidade

Não o azul de vossos olhos
que é cerúleo poeta
nem o de vossa gravata azul
                         e torta.
Nem o do mar
        que emborca o céu
                e entorta
vossa cândida mensagem.
....

Cerúleas ceroulas
reclame de virtude refulgente
                 peça única
                 chave
de enxoval exposto para exame
                      e pasmo.

Oferecido à noiva como brinde
                         oferta
                  azul e mártir

de mãe que por muito
pudor e poupança muita
gerou um filho apenas
e coseu uma só peça
        completa e única.

Vede vós todas, falsas donzelas
que seguis o luxo e espargis ardores,
o que se lhes apresenta é a união
        perfeita entre
  maternas e filiais virtudes.

Cerúleas ceroulas
     que fulgem sobre a cama
como aguçam pendores castos.
    Nesse lento desfile
   vede vós todos, membros
de agremiações e associações tão várias
    de corte e costura
em prol dos desvalidos todos
(menos os espíritas o que é pecado
e os insurretos o que é inexato)
hoje, nessa longa vigília cívica
a roupa do dia que se exibe
não é a da noiva, mas a do noivo
não a do farto, mas a do parco,
a do reduzido, indício, incitamento
     emblema refulgente.

     Nesse ínterim
enquanto é discutido
se de cetim ou opala o pano
ou se de madrepérola o botão
que isola e guarda o noivo
    em cerúleo cofre,

      a noiva
(que andava por ali, não vigiada)
    aproximou-se
como uma anêmona, uma água-viva aproximou-se
toda vestida de laços de véus e de braços

de muitos braços por todo o corpo
como um polvo (um dos brancos, engraçadinho
        de polvilho)
veio e comeu o noivo todo, vagarinho, sem pressa
        e tão completamente
(Coro em falsete:
    — Oh inigualável iniqüidade!)
que até hoje encaram a desaparição do noivo
nunca como um acontecimento infausto —
    Antes como um fato casto e grácil
        elegido à categoria de volátil.

Circunvoluções e invólucro

Não tenho medo de ir à lua.
Vou
Volto
Continuo
dentro
da
cápsula.
Não sou astronauta
coisa nenhuma.
Sou
o último
remanescente
de uma
consciência
cheia
de nódoas? — Nunca.
De nós-pelas-costas.

5
Uso do acervo

Sobreposição
Sub-reptícia

Minha senhora,
o tempo urge.
Não disse "ruge"
eu disse "urge".
Houve sem dúvida
escamoteação do termo
pelo
seu
conduto auditivo.

O tempo, minha senhora,
não tem presas,
nem goela, nem emite som
Qual a melhor prova
de que de sua
parte houve certo
engano — se me permite?

Não.
Não mencionei leão algum
minha senhora,
como o poderia?
Não sou o homem do zoológico.
Sou o encarregado do velório.

E por isso urge o tempo.
Lamento ter que o dizer tão rudemente:
o defunto se deteriora.

Definitivamente nada ruge.
(Eu é que fui rude)
O corpo não se acha exposto às feras,
ao tempo, o que é diverso.
O tempo passa.

"Passa", não "pasta".
Ou — como queira — se tanto insiste —
pasta de uma sua maneira única,
sem recusar as partes menos tenras
as que deixam restos nos interstícios,
sem interstícios: unívoco.

Não, minha senhora.
Nada uiva. (O tempo é uno)
Tem a minha palavra.
Peço-lhe apenas o que me é de direito:
a função que me cabe.

Esta é:
não a caça, minha senhora,
não a caça.
Recordo-lhe: Um nome foi cassado
dentre os vivos — o de seu marido.
O que não é a mesma coisa.
Na caça há uma voluntária
e coletiva ação.
No passamento apenas:
consentimento.

Não faço concessão nenhuma.
Engana-se.
Nem mesmo à senhora — nem mesmo
em consideração à sua dor, confusão,
sofrimento,
diria eu que

há nesse momento
um leão escondido
nalguma parte de sua casa —
o escritório por exemplo.

Não.
Menciono o escritório
apenas como o lugar mais indicado
para o velório — nele
Há suficiente espaço para
o corpo, do finado
e daqueles que lhe forem
dar o adeus derradeiro.

Não invoco o nome de Deus em vão.
Não O invoco, houve equívoco,
a senhora equivoca-se,
não, não estou de cócoras
encurralado a um canto
pronto para ser
abocanhado de costas
e de súbito.

Não me recuso
ao meu serviço.
Mas nada neste mundo
me faria ver o salto, o rugido,
onde apenas há
a urgente necessidade
de se dar à queda de um corpo
o seu definitivo estado: de repouso.

Não lhe direi mais que o tempo urge
(pois que seria em vão)
falar-lhe-ei antes noutros termos,
direi que o espaço exige
que o confinem em vala
por precisão das circunstâncias.

Foi noutro sentido a fala.
Não há nada confinado, sob o meu jugo.

Nada preso ou amordaçado.
Tampouco me congratulo
Tampouco aceito algum prêmio
por alguma
captura.

Seu marido, minha senhora,
e agora creio que o fez de propósito
— sim a senhora! —
desfez-se enquanto discutíamos.
E nem ao menos flores à sua volta
para disfarçar a forma
acre
do corpo desatar as suas
convicções mais íntimas.

O tempo não mais urge — cessa —
e não posso eu receber qualquer parcela
por trabalho não havido.

Não é modéstia.
Escusado mandar o que seja
para o serviço funerário: "Lágrima Funesta"
Darei ordens em contrário.

Tenho medo.
Tenho medo.
Quando fui solicitado a vir aqui,
esperava apenas o óbvio,
o fúnebre é um ofício
e tão mais óbvio
quanto mais oficia o luxo.

Mas uma fera, minha senhora!
livre — presa — esperta — ainda que hipotética!

A pertinência de meus préstimos
extingue-se ao sopro
da sua
audição bruxuleante.

O que fica
do mundo e de sua coerência —

se o meu discurso, o mais exato
e correspondente aos objetos mais
palpáveis,

foi
como o defunto desfazendo-se
à medida
que eu o enunciava?

Mister se faz minha senhora
que eu atente
ao desabrochar de uma
nova ordem
a qual me submeto
seu
humilde
servo.

A conta, esta virá a seu tempo.
       Este —

enfim o ouço! — ruge —
ruge como o tafetá
da majestosa cauda enquanto a arrasta
e me encaminha em direção à porta
do vestíbulo.

Passar bem, minha senhora, parabéns,
meus mais
profundos sentimentos.

Faz bem em sorrir,
vitoriosa, ambígua, confundida?
"Minha senhora, por quem sois!"
Sim, virá (a nota) com o timbre da:
     casa
     jaula
     quem se importa?

Fioritura — alça de caixão — estalo de chicote.

Alguns elementos para uma nova teoria dos sinais
ou
Três provas concludentes da existência de deus

Ouça — diz minha velha tia —
o canto da patativa.
É um sinal. Sim. Deus existe.

Mas, tia, tia, tia minha,
como escutar a patativa
se não escuto patavina?

Minha tia não insiste.
Pede apenas que eu consulte
um ornitólogo. E se resigna.
Quis dizer: um otorrino.

Vê-se que minha velha tia
só escuta a patativa.
Não escuta patavina do que eu digo.

Pois como aceita que eu não ouça
a patativa
porque não ouço patavina
quando a ouço, me pedindo
para escutar a patativa?

E por que há de a patativa ser veículo
e não a lógica?

Por que há de a minha tia
preferir, na patativa, alguns acordes
à desordem, em minhas palavras?

Pois
o canto da patativa
é mero acordo, não harmonia.
Enquanto
à desordem em minhas palavras
subjaz uma verdade: "eu minto".

Mas eis que minha tia pisca um olho.
Afinal é possível que ela saiba; e se divirta.
Eis um sinal. Sim. Deus existe.
Pois se existe a minha tia
e se ela sabe e se ela pisca —
Pois que existe a minha tia!
E ela sabe!
E ela pisca!

Aprazimento

Apraz-me dizer que a morte
— conforme prévia combinação envio-te
mensagem espírita —
Apraz-me dizer que a morte
enfim a vida
enfim eu julgo e eu não vislumbro.
Não há alumbramento; há nada.
Aflige-me dizer que nada
é demasiada falta de contorno
para um só morto.
Manda-me pelo médium livros que expliquem
um pouco, opúsculos
entrementes farei nada
o que aliás, de agora em diante
deverá ser o meu estar
        e o meu habitat
Vês? Já digo asneiras, como
se tempo e espaço fossem.

Apraz-me dizer que nada
nosso, nada subsiste.

Nem o meu rosto, nem o vestido
com que vim vestida
nem o amor que vos tive, amigos
nada.

— Formulo devagar, como percebes
para não confundir o médium —
Apraz-me saber que no nada não há o tempo
assim o tenho farto;
manda recados, por hábito
corresponder-me-ei e me comprometo a nada
dizer — não entendes?

Vai à Biblioteca Municipal
recomenda-me
ao sol
à poeira de luz cercando
o busto do Dante que olha a rua, à praça.
É peta: o Dante, a Biblioteca, a praça, tu, a rua;
não te descuides vai assim mesmo e entra no recinto
e pede os livros que eu preciso muito.

É muito o nada para um só defunto, insisto.
Temo — como temo — não me fazer compreendida
e que me tomes por existencialista
o que, dadas as especiais circunstâncias em que vivo
     ou melhor: — em que não existo
       seria o cúmulo!

Recomenda-me
Recomenda-me a todos — não o são — não importa
recomenda-me
dize para deixarem de ser tolos
se soubessem de nada como eu
não teimariam.

Trabalho como os vermes
como e não esgoto
tudo fica desde que é nada
nada é tão côncavo como nada em todas
as direções e se procria à moda das cobaias.
É o cúmulo meu caro, não me venha com estórias
não estou a falar de criação e o mais
o que me falta é linguagem apropriada
não fui à faculdade
sempre soubeste, fui é a outros lugares

que bem me importa — nunca estiveram.
Vai, antes que a Biblioteca cerre as portas.
Manda tudo
       tudo o que existir sobre nada.

Mas vê lá, hein
manda pelo médium certo:
O Mãozinha-Delírium-Tremens, lembras do velho?
não o irrites,
    deixa-o estar como agora, olhos abertos-claros
                            claros
                             vaga-
                        alumiando
                  tudo o que vaga
                      e flutua
                         entre
                    a Via-láctea
                     e a última
                edição augusta
                   da Britânica.

Ficção

Se uma mulher se diz: Nua —
                    deixam.

Mas —
Se uma mulher se diz: Pelada —
                      prendem.

A nudez é austera — como tal:
                    inócua.

Uma mulher de olheiras
              e de óculos.

A mulher pelada é muito outra coisa.
Arrancam-lhe a pele.
Deixam-lhe a polpa.

Esta
como a ficção
é
na melhor das hipóteses
                e usos:
                    Um pequeno escândalo.
                    Quando
mal sucedida: O secreto vício.

Pequena receita estrita para cama e escrita

Há os que, para o coito formam um oito
ou por desejo muito
ou por terem o ouvido atento
a quaisquer encontros — não só os da carne
                         também da fala.

O orgasmo é como a rima —
quando coincide: alivia.
Mas quando empurra à força
a direção do grito,
resulta em de-
            formação e perda
           de qualquer som:
                    aspermia.

Trilha

A inteligência vai só.
O homem a detém pelo pulso
como a um cão de raça.
Acha graça nas coisas
no pôr do sol: é irônico.
Deixa que o faro
lhe ensine o melhor caminho;
erra um pouco: de propósito;
hesita em abstrato: em ziguezague.
É um tímido: teme
as grandes palavras, o amor tão grande,
aceita: roupa branca lavada,
pudor na hora certa, originalidade até
certo ponto; uma mulher hábil e erudita
outra bem menor: maior de seios.
Vai a extremos
da maior contenção;
segura, domina o salto.
A inteligência aparta-se
aguda e fiel ao faro.
A corrente rompida
os ossos limpos, metálicos e puros:
eis a obra. Feita
da parte mais dura do homem: de quina,
incisão e mandíbula.

Descobrimento no arabesco

Série súbita de questiúnculas:
vírgulas,
formigas,
Uma irritabilidade nas narinas
Certo é a minúscula vida
enroscando-se
enfiando-se traída como
um pêlo invertido: carbúnculo.
Fere o órgão respiratório externo
Não vela o sopro movimento morno
Espirra a intranqüilidade mais crespa
feita muco: cômica.
Finca a sua flexibilidade na carne
tenra
Altera a epiderme
tinge-a de um rubor pesado como
a proximidade da noite e a das féculas,
a solta terra roxa
esperta à chuva: bordejamento de fístula.
Pesquisa de raiz
minúscula
vírgula, hiato extraído à pinça
cúspide de ar preto
fresta entre letras: grades
Comichão talvez em outra parte

no cóccix aristocrata: Erudição —
Conhecimento apesar de tudo.

Ponta de caneta iniciando
o tratamento do assunto.

Os mil e um escrúpulos

Bicho-
zinhos de concha
suas
crises de consciência
(uma ova)
a corola
onde sonham a vida cheia
de temerárias empresas.

Acaso a dos esplêndidos
fazedores do diário,
sujos até o pescoço?
Não.
Isto são os políticos,
que
não
en-
tendem.

Atravessar o mundo
com um novo raio?
Enquanto a ciência inventa
e a técnica planeja
onde estão eles?

dentro
dentro
de dentro
rilhando
rilhando
os dentes.

De dentro da casca anunciam: a linguagem está em crise
                                      o ato de criar está em crise
                                      a crítica está em crise
                                      o mundo está em crise

Messias
reumáticos e curvos sob o túnel
salvam — por antecipação —
                       o mundo.

Em gritando muito alto
porém
vão presos pelo desrespeito.
Alegram-se e é quando
tornam-se verdadeiramente inocentes;
e se acreditam quase
sérios, na acepção das togas
e temíveis, na acepção das lâminas.

Eu os desprezo.

Em princípio sou um deles.
Sei do estranho desencontro
entre a palavra audaz: projétil,
e o sol se pondo.

Sei de seus braços
a serem abertos como asas
incomensuráveis.
Um dia.

Por que não liquidar de pronto
com toda a pretensão e a manha?

Escrever sem desculpas mais,
parênteses, inúteis voltas,
explicações à margem,
complicados exercícios
de modéstia ou auto-estima

ou então isto:
Um mundo imediato nos precisa
de dentro
da fedentina do Juqueri, do pasto
da velha devorada pelos bichos
e dos guris que desovam: choro.

Ou isto — e — coragem
ou coragem de se saberem
nunca isto.

Bicho-
zinhos de concha, sempre
ampliando a curva de um mundo
de que destoam — sempre.

Intelectuais, artistas
hum, artistas, artistas,
sua utilidade nunca
será aferida de vez
como desejariam   sensíveis moluscos
                  construídos de matizes

e a dúvida
o espanto
a insubmissão
a crítica
lhes deverá servir apenas de capítulos
à estória — breve
de uma consciência dentro
do ro-
çagante invólucro
dos mil e um escrúpulos.

Se cada um
tanto quer que o seu trabalho

seja como
um qualquer outro trabalho,
não choramingar tanto debruçado sobre
o mundo
nem o respingar com o seu catarro
nem ter a pretensão de o resolver
e o assumir em todas
as suas mínimas e maiores culpas
o nariz gotejando no papel: culpa por culpa
e a vetusta fisionomia de excremento
se fazendo História.

(Arqueólogos e Arquivistas
decifradores
vinde
como moscas.)

Ora
Quanta fita para se decidirem, eles,
Como são puros afinal e raros
Tal e qual a bisavó virgem — rezam as crônicas —
antes de se atirar de um pulo
sobre o dossel de aranhas, varando a renda,
                                lacerada?
                                a carne vertendo,
                                      sangue?

Nem.
Nada.
Ni-na
nâ-na
renda
rede
en-
redando
tra-
balhando
em-
balando: FUTURO

6
Noticiário e acervo: instantâneo

A viúva viu o ovni (objeto voador não identificado)

A viúva viu o OVNI.
Do sideral espaço a Catanduva.
Da estrela mais remota
ao fundo do quintal de sua casa.

Teve a premonição do caso
Assim como se alguém
                        às suas costas.
                            Virou num átimo.
Não era o gato. Era o OVNI.

A viúva antes do grito ficou muda.
Antes do grito na fração do tempo
pensou em tudo o mais que já agora
não mais seria apenas Catanduva.
No espaço que se abria do quintal passando
a São Paulo Capital Brasil Europa Estrelas.

A cada etapa a sua pálpebra batia
como a tecla de uma máquina: um novo estágio.
O telégrafo, a rotativa, as manchetes.
Mais e mais remota, cada vez mais técnica:
Do milho que na ocasião dava às suas galinhas
ao mundo pulverizado dos improváveis números.

Foi uma ocorrência esta puramente verídica
noticiou o grande vespertino: "Nação Alerta".
Pois a viúva ao dar o grito
não disse nem por um minuto:
         "Eu vejo um disco! E ele voa!"
O que não só seria prematuro
como a poria de imediato sob suspeita.

Não o disse nem por um momento.
(Teve o cuidado ou foi espontânea)

"Um OVNI! Um OVNI!" — gritou apenas
a pulmões plenos
e ao dizer somente a sigla e não outra coisa
com ela baixou a ciência
sobre a folhagem e os animais da casa,
assim como a aragem, sem causar dano,
as enormes asas desmontáveis.

Dela como de um fundo destacou-se nítido:
                    o OVNI.
Sua forma metálica e pura, audível e áurea.
Veio e pairou sobre as finas hastes do capim-gordura
um imaginoso equilíbrio.

Uma sigla para uma viúva
ou mesmo para outrem que não ela
vem a ser o máximo em presteza científica,
satisfação tecnológica, júbilo empresarial
em um mínimo de espaço: um óvulo,
uma organização altamente complexa
na sua forma mais breve; e mais nítida:
                      a elipse.

De suas paredes lisas escorrem
(destacam-se)
as derradeiras dúvidas do mundo
e de Catanduva.

O clérigo na árvore

O clérigo chilreia?
O pássaro medita?

        No clérigo
        sobre os ovos
        a castidade
constrói-se como um ninho
        de mil gravetos:
        mil línguas
de fogo dentro da bainha.

        No pássaro
a sua posição bípede
        na árvore
pode ser tida
por meditativa.

Mas o pássaro não medita:
        equilibra-se.
Sua imobilidade apenas
é o melhor encontro
        do ventre
        com as pernas.

A castidade esta
não é ninho: simula.
Dentro os ovos não
se enternecem: duram,
não são penugem nunca
se fazem outra
forma menos uniforme
iguais sempre a si mesmo
        ovais

Chilreasse o clérigo
e o som seria a primeira
        trinca

Por onde cairia o pássaro
      rente às pedras
      vôo reverso
que tivesse por meta:
    solo
    ao invés de fronde,
    ao invés de nuvem
    homem.

O transplante: sua técnica e sua técnica

O que bate não é o coração do estudante
É o de Sua Excelência
Morto ontem de súbito
    por um insulto
      um insulto
        cerebral.

O tratamento certo para se falar ao Eterno é:
                      Sua Onipotência.
Sua Onipotência/Sua Excelência estão juntas
                        e escutam
            o batimento do órgão
                    no mundo.

Não se discutem aspectos éticos nas nuvens.
Descreve-se a assepsia das almas.
Duas coisas distintas:
A ética : interrogativa.
A assepsia : operacional.

O batimento do músculo cardíaco
pode vir a ser rítmico/arrítmico

não
reivindicativo.

Não confundir aspectos técnicos
com teclas de máquina batendo
letras — palavra — espaços.
Aspectos técnicos são isso: registros;
                  porém presos.

Não reticências.

Uma reticência é mais que uma arritmia:
Uma insolência/uma insolvência
          num ninho de névoa.

O coração no estudante apresenta:
Absurdo Formato Coração de Jesus
Aberto no peito — emite raios —
Cor Coral Rosa Pálido.

É o coração de Sua Excelência/Operístico
mas no estudante faz medo
apavora o encaminhamento do rosa
para o roxo o arrojo o rubro.

O batimento é protesto.
Construção de um outro
sistema circulatório.
Sua Excelência recusa a hipótese:
Ser *O* instrumento sem ser *A* técnica.

Sua Onipotência aquiesce (à recusa)
É o seu papel: pesar menos que pouco.
Afinal de contas sua Onipotência é Deus —
                não tem peso.

E ao movimento fatal do órgão
pendurando-se fora
      perículo-
           operisticamente

Sua Onipotência vira o Rosto.
Arreda-se inelutavelmente dos excessos
        uma vez que é o Eterno.

Sua Excelência responde com o gosto
de quem faz da ópera — não o risco fatal do mau gosto
        ópera bufa/ópera à solta.

simplesmente o gênero/híbrido
        simplesmente lírico.

E dá o nome *rejeição*
à recusa do coração (seu próprio mesmo)
ao outro corpo (o próprio mundo)

e dá o nome *transplante*
à operação feita antes: reversa

À sua imagem e semelhança

A mentira passeia pela rua,
tranqüilo é o cão
de fino trato.

O que a torna tão segura
de si mesma
do mundo que articula com
tamanho fausto?

O que faz com que se volte sempre
sobre os próprios passos?

Reiterada cauda
como lembra a da rainha
quando a passeia — impávida —
nos ladrilhos.
O ladrido
não é o do cão
"Amigo fiel do homem"
É o do homem — próprio —
que não mais sabe
distinguir pela boca
o "áspero" do "pobre"
e esconde

a sua falta completa de dentes
atrás do provérbio:
"Cão que ladra não morde"

Na sua cauda que passeia como a língua
Na sobranceria única de rainha
a mentira inaugura tranqüila-
                              mente
o seu longo reinado sem desordem,
fazendo-o: ele, povo amado —
à sua imagem e semelhança:
"Com o rabo entre as pernas"

Furto: fato

Um furto
não é um
    fato

Um fato
se
instaura

Um furto
se evade

Um furto
é um rombo
o contorno
de
  um pulso

Um fato
um punho
de carne

Um fato
está-sentado-de-quatro

atrás da porta
        fechada
milionário e barão

Um furto
esgueira-se
pela frincha
da porta entreabrindo-
                  se

perebento e cheio
de subversão

O vespertino de sempre
e de hoje
ascende sobre o meu rosto
feito vésper
O retângulo branco defronte
não é uma abertura na página
                              para
o espaço. É o espaço pago:
                          jaula
aonde a noite nasce
de assalto e   uiva   e falha
                feita anúncio.

Dois toques: clarinada e assobio

Se digo: "Brasil"
           mais
                   "Céu de Anil"
eu digo: "Mito".

Se digo: "Gente"
eu digo: "Todo aquele que estende
       a pele
              do próprio fôlego".

Dos termos
         resulta um certo — espécime novo:
mito com vaia dentro: assobia.
Começa pelo desenho
                 mais simples: o emblema.
Como ele, tem olho amarelo: de espia,
em cada canto uma aresta: o losango,
e globo ocular celeste;
fala pouco de início
só por rasgos de bom senso —
                             tal como:
           "Ordem e Progresso"

Mas —
se firma o compasso e logo
                      grita: "Fora!"
O verde se enfuna/levanta:
               a fauna
                    a flora —
Não o pendão que tremula.
O mato mesmo que aguarda
                  o bote.
Neste mato tem goela.
E tem garra.

E se depois apanha e fere
                    a quem
            só viu
                do céu
                      o anil
            e do mato
                  araras,

Cai a bandeira
            a meio
                  pau
e toca o clarim
          o sinal
              de fim.

E se teima ainda
            estrebucha e emite
                      o silvo —
Outro toque:
        Vede, é tão —
                evidente
                      o estandarte!
Não são difíceis as partes
              são fáceis.
        Assim
                a Pátria:
      retângulo
      losango
      círculo
      estrelas

                faixa
                palavras
                que peças
                            mais
                                leves-exatas?

E se
    finalmente
se acaba —
Sua alma
        não vaga
                (pedinte)
                            ao léu,
logo se fixa
        no céu
                do palco
Uma estrela/estado
                    entre outras
pintada no pano
            azul-posto.

Cavalo-marinho . cavalo

Política em formato-capricho
        de cavalo-marinho
Controvérsia mínima, contorsão
        em S, crespo
        orgulho
        de coincidir três reinos:
1.º — o do mar que se percorre: pasto
2.º — o do mar que se retira: aquário
3.º — o do animal que se monta: cavalo.

        Inusitado arrepio
        perpassa:
        a câmara
        o senado

Um crustáceo mole-mente mo-
        vimenta os bigodes
        na função de antenas:

    — quem passou?
    — quem se deteve?

        Ela.
            Bem-vinda seja

                senhorinha Mil-Adornos
                objeto tão útil quanto múltiplo,
                ponto de interseção e encontro
                único, para erradias mãos
                a sua
                fiiiiiníssima Cintura.
O Congresso refluindo em prazo
de maré vazante descobre-as
                nuas
                mãos sobre os arquivos, as escrivaninhas, os bancos
                a comissura dos lábios-leve-
                mente úmidos: brânquias,
                aos bandos
abandonam o Salão Nobre em longo
                encaminhamento de túnel,

                Para
em círculos cada vez mais rápidos
baixarem flectidas:
                garridas garras encravando-se

                Pluft!
                Nhoc!
                Oh!

Tanto empenho ei-la dividida em dois
primeiros números: para cima, o busto
                para baixo, as ancas

                            em dois
espaços   números: para cima, o impulso
                para baixo, o tranco

                            em dois
estágios   números: para cima, o argüível
                para baixo, o orgástico

                    em três, em quatro, em
                    quadros números-números

        multiplica-se, milimetrifica-se
        prolífero-infecciona-se.

Até mais quando senhorinha Mil-Adornos
        Dois-Mil-e-Mais
            N
        Vezes Usos

        dos quais resultam
        três grandes outros grupos:
três reinos de arabesco e sinonímia:
        burocracia
        brinquinharia
        milionocracia

        (engenhos engenhos engenhos do homem)

Parágrafo — Pausa
Reinício e volta mais lenta
ao curso do poema.

        Travessão: *— mais rápida.*

Os coronéis? jogam dados.
Os intelectuais? se escaldam.

Eu escrevinhadora registro
numa escritura de minúscula
inscrição de escâmula

        (ou muitíssimo: eficiente
            ou já: putrefaciente)

        tudo;
        visto, ouvido
        ou pressentido
        no con-
            torcido corpo

do cavalo preso
atrás do vidro.

O povo? não me atrevo
Sei que míngua feito lesma

Mas sei também que se desmancham
nos discursos as maiúsculas: jóias
de contorno em *S* sempre: *O.S*:
      Salvação de Salvamento
      Solene de Sonolento
      Suspiro de Suspiran-tíssimo
      Sepulcro de Sapienti-ubérrimo

O cuspo sobre.

A nódoa aumenta.
Primária forma boreal:
      anêmona.

O cuspo contra:
      o vidro quebra-se.
Água passando a marinho campo: mar crescendo;
cavalo desenvolvendo: pernas.

O esporte: a sua prática

Se falo do Vietnã
sentado aqui no Brasil
o bem e o mal são tão claros
como este céu de anil.

Do caso:
tenho uma planta baixa,
tenho uma vista aérea,
tenho o cuspo do homem digno
tenho a baba do homem torpe.

Também eu cuspo
não hesito,
o cuspo mais grosso,
e recuso:
qualquer baba — a mais doce.
E canto um hino.

E às vezes faço um filme;
pequeno, pouco se enxerga.
Vem alguém e o aplaude,
vem a censura e o apreende.
Não se compreende:
o aplauso / a censura.

Não é cinismo.
A imagem é escura.

Ou clara demais, quase branca
como este preclaro ensaio
que ora escrevo sobre as nuvens.

A conversão dos convertidos
é um movimento circunflexo:
do arremesso: o bumerangue.

Pratico o esporte que posso.

Sim, Bumerangue e Brasil.
Há disto aqui no país.

O esporte que se pratica
No Vietnã: hesito em lhe dar o nome.
Porque hoje estou lá: de súbito
                    dentro da coisa.

Um pouco do arroz, um pouco da água,
um pouco do oblíquo, um pouco da haste,
um grito, um pouco do timbre,
Ainda um pouco do líquido: não é a água
                    é o fogo,

afundo: afundamos.
Um pouco do chão, não é muito
de terra firme:
        alçapão / sabotagem
        dentro das nossas palavras.

Futuridade

Todas as coisas têm um nome
menos essa.
Encolhida a um canto
por não ter nome de seu: fede.

Sem nome, qualquer lhe cabe.
Eis por que cheira tão mal.
Prolifera a inumerável
pluralidade do mundo.
Na ausência de um substantivo
que a contenha
transborda o seu mau caráter:
                              nenhum.

Terrível e anônima
aponta
a qualquer hora o salto.

— No meu colo?
é que não, minha senhora.
Sou um Príncipe da Igreja.
Não estou para brincadeiras
nefastas.
E se a coisa fizer xixi

de emoção
por se saber nomeada
como então hei
de me haver
com a substância da minha
dignidade?

— Nunca, não de Deus.
Sou o Ministro da Fazenda
apenas. Não me atenho
a outros gêneros.
Fede? Não diz
respeito ao Estado,
pois que é abstrato;
daí: asséptico.

— Não para a minha cama.
Sou mãe.
Nada tão
sublime,
o quanto basta.
O sublime farta como o leite.
Não deixa espaço para outra
qualquer coisa.
Como ele, é branco
desce também pelo seio
como ele
tranqüilo.
— "Não pronuncieis palavras feias
na presença das crianças."
— Mas se esta coisa nem tem nome ainda, mãe!
deixa eu brincar só um pouquinho para ver!
— Blasfêmia! Todas têm!

— Lamento mas não estou disposto
a sofrer arremetidas.
Uma coisa que salta, fede —
Ora essa é muito boa!
e ainda por cima sem nome!
Como se não bastasse o gato.
(A que de resto chamei Simplício)
Sem método não se trabalha.

Repito:
Sem método não se trabalha.
Tem razão, sou filósofo.
Daí então?
. . . .

— Pede-se à população
calma.
Já foi encontrada
e se acha detida.

— Mas se ela nem tinha nome ainda, pai!
Então, por quê?

— Fale baixo meu filho
sua mãe não deve
saber. É muito frágil.
(Não é fácil o sublime)

E uma coisa cujo nome não está —
se avizinha,
pode vir de qualquer lado (nunca se sabe)
como a vaia
ou como um tiro.

Repentina: F U T U R I D A D E .

TERMOS DE COMPARAÇÃO - C

Ficção e conhecimento

Ficção e conhecimento

Esclarecimento

Para a leitura deste ensaio acho conveniente esclarecer o seguinte:

Sua elaboração centrou-se antes na Filosofia tomada em sentido lato, do que na Estética (parte da Filosofia) ou na Teoria da Literatura; também não faz uso da Lingüística, tida, contemporaneamente, de certa forma, como ciência-base para os estudos literários; essa distinção deve ser levada em conta para a melhor compreensão do uso que faço de diferentes termos. Assim, por exemplo, se emprego várias vezes o termo "semântica" antes incorporo-o a uma preocupação ampla em relação à significação, procurando realizar o enfrentamento do que Bloomfield chamou o *ponto débil* no estudo da linguagem, do que me ater à sua axiomatização rigorosa, aliás a meu ver em contradição com a própria natureza da "significação". O isolamento de unidades de significação (semas) dentro de uma Semântica Estrutural disposta a estabelecer categorias semânticas e desvelar estruturas de enredo, nada tem a ver com este trabalho. Não só porque não lhe é pertinente como porque tenho sérias dúvidas de que a significação (ou o plano do sentido) possa ser razoavelmente "descrita" a partir de tal método. O nível do sentido a meu ver nega a "estabilidade" e o "isolamento" de unidades mínimas, sendo a sua essência: aglutinante, móvel e expansiva, o que, acredito, será em parte demonstrado ao longo do trabalho.

Ao ceticismo enunciado por U. Eco em *A Estrutura Ausente* quando assevera que a Filosofia perpetra um dos seus crimes mais corriqueiros, aquele de nada dizer pela pressa de tudo dizer, respondo com Max Bense (*Aesthetica*) quando este afirma que "a natureza do inquirir filosófico comporta menos um resultado do que a preparação de uma situação objetiva por meio da qual se indaga; comporta antes uma reflexão do que uma resposta, ou melhor, esta reflexão é a resposta". Acrescenta ainda Bense: "enquanto a teoria científica *fixa* o objeto, a filosófica o põe novamente em movimento".

Mas se a Filosofia é a disciplina da interrogação maiúscula, destaca-se ela todavia do vão assombro diante do mundo por apresentar — quando digna de tal nome — este questionamento na forma disciplinada e minúscula do procedimento científico. A especulação filosófica engloba, sem dúvida, a Estética e existe certamente como um horizonte crítico para, por exemplo, a Teoria da Literatura ou quaisquer outras áreas especulativas. Porém nela mesma é que melhor se observa o duplo movimento elaborado em qualquer teoria: centrífugo, ao ratificar a hipótese, mantendo-a em sua condição máxima, ou seja, verdadeiramente condicional. O que significa — em outras palavras — admitir a falência das próprias afirmações como regra do jogo. Qual jogo? O jogo do questionamento intransigente. E centrípeto ao "domesticar" o ímpeto (e a pretensão) das perguntas e respostas em uma área nitidamente delimitada. Ora, dado o valor que atribuo ao processo artístico (duplicado na especulação estética) — na brevidade do ensaio — a Filosofia em sentido lato serve melhor aos meus propósitos do que a Estética propriamente dita ou a Teoria da Literatura. Sendo assim, ao longo destas páginas, termos como "figura", "abstração", "imagem", acham-se muitas vezes destacados do uso corrente que têm em determinadas áreas ou então são violentamente empobrecidos e simplificados em função do que tenho a transmitir. Em certos momentos todavia recuperam sua riqueza e complexidade justamente graças à linguagem não-especializada, vale dizer, liberta de qualquer jargão e que vem a ser exatamente a da indagação filosófica quando usada no limite da linguagem "comum", isto é: no seu ponto máximo de "tensão" — onde as questões colocadas quase se confundem com a emergência do novo ao apontar este do conjunto de uma prática da língua/fala. Em outros termos: como existência refletindo suas modificações no plano da articulação verbal. Paradoxo aliás: movimento de fuga, por um lado, e de crescente internalização, por outro, com que já se depara aquele que tenta determinar a especificidade do estético, característicamente fundante de "sentido".

Acredito, portanto, que apesar de não desfiar paulatinamente — lanço por lanço — diferentes processos da produção em arte, ou diferentes correntes da especulação estética — para delas desentranhar minha posição (e de quase não usar exemplos ou mesmo uma bibliografia de "sustentação") — consiga manter vivo na mente do possível leitor tudo aquilo que me parece verdadeiramente importante em relação à experiencia estética, particularmente na Literatura.

1 - Ficção/figura

Entendo neste ensaio por "ficção" determinado tipo de produção no campo da língua inserida no âmbito da arte. "Arte" por sua vez é contemporaneamente termo bastante discutido e de certo modo considerado exausto. Isto quer dizer que — para a crítica mais exigente — mesmo na sua acepção positiva, "arte" passou a designar determinado tipo de produção cultural já pertencente ao passado, de caráter museal e meramente histórico, e na menos positiva, a produção cultural que pelo seu teor especializado, elitista e contemplativo, cada vez responderia de forma menos adequada às diversas modalidades de mediações com que o homem de hoje deve operar para apreender a complexidade da sociedade contemporânea. "Arte popular", "arte folclórica" e outras "artes", enfim, designariam, de forma pouco rigorosa, diferentes núcleos de produção cultural ou diferentes tipos de produtos culturais. A designação "antiarte", bastante difundida hoje em dia apesar de já ter razoável lastro de tempo, ressurgiu com inusitada força para, por assim dizer, limpar o termo "arte" de todas as acepções pejorativas, emprestando-lhe o primitivo vigor por meio do artifício da negação e da flamante bandeira da contestação. "Arte de vanguarda" por sua vez tentaria o mesmo processo saneador através de uma qualificação projetada no futuro. Apesar de sua exaustão fico todavia com o termo "arte" simplesmente e não "anti" ou "de vanguarda", por ele me parecer o mais neutro para servir aos propósitos deste trabalho e por não possuir à mão nenhum outro que, enfim, designe de forma substantiva e enxuta uma certa "especificidade" da criação humana. Esta especificidade tem se manifestado concretamente em processos muito diversos entre si. Entre um poema e uma obra arquitetônica, um *ready-made* e uma sinfonia, um *happening* e uma gravura, as diferenças são tão apreciáveis que necessariamente são rebatidas para a especulação propriamente estética, ainda que esta venha a ser assumida na sua forma mais teórica, menos comprometida com a empiria dos diversos processos artísticos. Neste trabalho interessa-me particularmente determinado tipo de produção artística, aquele que responde justamente ao nome de "ficção" no campo da língua. Não irei me deter a estudá-la todavia. Pretendo apenas localizá-la como o fenômeno de cultura onde as questões pertinentes à língua na sua relação com o conhecimento, assumem a sua feição mais aguda e problemática. Deveria também — já que encaro um certo grau de neutralidade dos termos como uma vantagem para com eles operar — escolher ao invés de "ficção", o vocábulo "escritura" ou então "texto" para designar o fenômeno que me interessa.

Contudo observo em ambos os vocábulos um grau de neutralidade no caso desinteressante. Ao enfatizarem o meio (a escrita e seu espaço) em que a língua é fixada graficamente, o peso da definição recai, ou no conjunto das articulações verbais possíveis — o que, dada a amplitude vaga do que isto implica, acaba por tirar ao peso da definição, qualquer peso de qualificação — ou na mera temporalidade grafada o que também deixa de fora os processos formativos inerentes à criação literária. Ninguém irá negar, é claro, que processos formativos também possam se achar muito dependentes da parte gráfica (cartaz, toda uma faixa de poesia, paginação de jornais e revistas etc.); posso — se assim o quiser — privilegiá-la fortemente dando-lhe função estética. Porém o todo lingüístico em sua prática e existência literárias independe das "variações" ocorridas nesta área. Sendo assim, a noção de "ficção" adere mais facilmente à língua como acervo cultural, dinamizando-a, do que os outros dois vocábulos. Pela mesma razão é mais fácil deslocar-se o termo "ficção" — quando for preciso — para outras áreas em que a língua humana também compareça (teatro, cinema, canto, poesia oral), seja de forma prioritária, seja como mero componente, seja ainda apenas como força formadora subjacente (as obras figurativas em geral, assim como as abstratas "tituladas"). Em conclusão: encaro o vocábulo "ficção" de forma genérica, como abarcando todo o imaginário "figurativo" dentro da especificidade "arte", e da forma estrita, aqui, como o imaginário que se acha contido e trabalhado nos limites dos "textos" e "escrituras"[1].

"Imaginário figurativo" é algo um tanto vago. Tentarei precisar a expressão. Penso que se possa qualificar desta forma qualquer área em que se encontrem presentes figuras destacadas do campo da percepção ingênua, assim como a movimentação deste mesmo campo, rumo a vários estágios de uma imaginação produtiva. "Imaginário figurativo" abarcaria portanto os dois pólos do psicofísico[2]: do mais rudimentar ao mais complexo. Acredito que tais estágios de diferenciação figurativa só possam se dar filtrados pela língua. Esta em última instância: modela, nomeia, classifica, hierarquiza, incorpora, exclui. Admito também que a língua por sua vez se ache alicerçada em um "chão" figurativo ainda mesmo quando alcance apreciáveis níveis de abstração[3]. Existe sempre — por assim dizer — um plano de imagens que subjaz ao meramente operacional, que remete o homem de uma forma ou de outra à pluralidade figurativa de sua percepção ingênua. Estaria ele sempre sendo retido, enredado a certas franjas de seu cotidiano. Franjas ou fios que teceriam determinada teorização sua com materiais de uma experiência anterior. Tal afirmação não deve ser confundida em hipótese alguma com a adoção simplista de um "pensamento por imagens"[4], mas sim

(1) Ver na nota 1 (Cap. "Qualificação Gradual: Parêntese") o uso que atualmente a nova crítica francesa empresta ao termo "escritura" e "texto"; destaca-se na nota a posição barthiana.

(2) "Psicofísico" é o campo de operação da *Gestalt* e vem explicado em detalhe no livro de K. Koffka *Principles of Gestalt Psychology* (traduzido para o castelhano pela Paidós). Uso o termo por responder ele à necessidade de um denominador comum que abarque processos menos e mais complexos do organismo humano sem os confundir.

(3) BOCHENSKI, I. M. *Die zeitgenössischen Denkmethoden*. Trad. espanhola: *Los Métodos Actuales del Pensamiento* ("Esencia del Formalismo") Ediciones Rialp. S.A., pp. 87 e ss.

(4) C. K. Ogden e I. A. Richards pronunciam-se a respeito de forma bastante crítica em *The Meaning of Meaning* — (Trad. bras.: *O Significado de Significado*) — quando escrevem: "Podemos pôr em dúvida se as imagens miméticas não serão, realmente, um produto tardio e esporádico no desenvolvimento mental. Estamos tão habituados a começar a Psicologia com imagens que somos propensos a pensar que a mente também deve ter começado com elas. Mas não existem boas razões para supor que a mente não fosse capaz de funcionar igualmente bem sem elas" (p. 79). Chegam eles mesmo a ter a grave dúvida "sobre se em algumas mentes elas alguma vez ocorreram ou ocorrerão (p. 78). Todavia, mais tarde, ao eliminarem a distinção — segundo eles, falaciosa, entre Visão e Imaginação — parecem se contradizer. E exemplificam: "Quando olhamos para as nossas cadeiras e mesas, 'vemos' um *datum datissimum*, depois cones, depois superfícies, a cadeira, pernas-assento-espaldar, madeira, bambu, fibras, células, moléculas átomos elétrons... os muitos sentidos de 'ver' desenvolvendo-se numa hierarquia ordenada à medida que as situações significantes mudam" (p. 10). Evidentemente assumo eu o "ver" também com todas as implicações da significação.

como defesa do aprisionamento da língua humana no concreto de sua *praxis*[5], de que resultaria a formação do "sentido" sobre o qual irei me alongar mais tarde. Também não se deve encarar a linguagem teórica como derivada simplesmente da "natural" (ver objeções de Hugh M. Lacey[6]). Se é a fala que permite recortar, diversificar e hierarquizar adequadamente o campo sensorial (com predominância do fator visual) ou inversamente, se a língua/linguagem só se torna possível através do amplo acervo imagístico que a alimenta — é questão a ser debatida em detalhe por meio da Psicologia ou da Neurofisiologia. Uma estreita interatuação entre ambos é o que indica o senso comum alicerçado em uma mera experiência — por assim dizer — de "contato".

Só me cabe ainda ressaltar — uma vez que dou destaque ao termo "figurativo" como componente auxiliar importante para com ele se determinar a natureza da ficção (e da língua) — o que entendo por "abstração" nesse campo e como o termo pode ser aplicado genericamente à Arte.

Na língua a noção diz respeito à prevalência do nível sintático sobre o semântico, o que se dá nas linguagens altamente formalizadas, chamadas "artificiais"[7] e cujo limite extremo vem a ser o cálculo.

A dissolução das "figuras" ou "imagens" e a sua substituição por sinais ou demarcações que venham a estabelecer apenas relações, encaminha o problema figura-abstração diretamente para o campo das artes plásticas, área em que a dicotomia emerge de forma mais clara (mas não menos complexa). Nas artes plásticas a abstração — quando levada às suas últimas conseqüências (e cujo exemplo mais radical foi

---

(5) Eis o que diz a respeito Gunther Anders ao falar sobre Kafka — *Kafka — pro und contra* [Trad. bras. *Kafka Pró e Contra*, S. Paulo, Ed. Perspectiva, 1969, (Col. Debates 12)]. "O ponto de partida de Kafka não é uma crença comum, da qual os símbolos nasçam, mas somente a *linguagem comum*, pois esta fica à disposição dele — até dele, o rejeitado — em toda sua amplitude e profundidade. Ela é inextorquível. Ele a partilha com o inimigo cortejado: o mundo. Mais exatamente: *colhe do acervo preexistente, do caráter de imagem, da linguagem.* Toma ao pé da letra as palavras metafóricas" (p. 46).
... "Esse 'tomar-ao-pé-da-letra' da linguagem, porém, é outra vez embora num sentido estranho — *um método da empiria* (grifo meu). A vida que o homem vive não é nenhum *factum brutum* pré-lingüístico, mas um fato já interpretado lingüisticamente por ele" (p. 47). "Kafka não inventa imagens: assume-as" (p. 48).

(6) LACEY, Hugh M. *Space and Time*. [Trad. bras. *A Linguagem do Espaço e do Tempo*, São Paulo, Ed. Perspectiva, 1972 (Col. Debates, 52).]

(7) Não confundir aqui a designação "linguagem artificial" com linguagem "fabricada" com vistas a substituir a natural. Exemplo mais conhecido: o Esperanto.

inicialmente a obra de Mondrian[8]) — tende a ser assumida pela Arquitetura, integrada a um espaço ambiental "neutro". Já a música exige — a respeito — conceituação à parte. Nela a oposição figura-abstração assume características diversas. Não me refiro à música concreta que enfim não passaria de uma colagem ou fusão de fragmentos sonoros diretamente dependentes de um mundo objetual vário e perfeitamente configurado. Tampouco à música eletrônica que criaria por assim dizer ruídos próprios, concreções novas. Fico com a música não-concreta (e não-eletrônica) que trabalha o som dentro de uma partição programada, aqui considerada na sua forma mais "pura". Ora, o elemento sonoro em música pode suscitar imagens (e muitas vezes o faz); todavia o fluxo musical nas suas várias alternativas de altura, duração, intensidade e timbre que o assinalam, não reproduz "figuras" presas de forma tão explícita à experiência direta do mundo exterior. Tais alternativas antes pertencem a um "mimetismo" de ordem bem diversa. Parecem corresponder a expectativas gestuais que no seu estágio mais "abstrato" poderiam ser grosseiramente compreendidas como o esboço embrionário (ou gráfico) de um ritmo vital e que no menos abstrato encontrariam sua representação através de uma correspondência espontânea realizada por meio da dança.

Todavia, depois de ter estabelecido a diferença entre área figurativa explícita (língua, campo visual) e não-explícita (música, campo sonoro) permito-me relacioná-las. Pois é preciso não esquecer que a língua antes de ser fixada na escrita é fala, e antes de ser (como fala) constituída por elementos discretos e estáveis (fonemas/palavras) é simples interjeição, passando pela onomatopéia. (Esta anterioridade está apenas sendo considerada em sua forma lógica.) E é aí nesse ponto que língua e música se encontrariam, tendo como denominador comum uma mesma matéria-prima, um mesmo ritmo expressivo vinculado à mais pura espontaneidade. Todavia, música e língua voltariam a se encontrar também em um outro extremo, agora no plano das linguagens artificiais, pois a música, quanto à distribuição e ordenação de suas variações e repeti-

---

(8) Contudo sua duvidosa teorização exposta no ensaio *Arte Plástico y Arte Plástico Puro* (trad. esp. do original inglês) atua sobre sua obra na forma de um "título difuso" e como todos os títulos — como um condutor da percepção — estabelecendo certa ordem de correspondência entre suas abstrações e o que ele entendia por "realidade". Desta forma recupera-se uma possibilidade figurativa (ou mimética). Ver na parte final nota sobre mimese.

ções se aproximaria, pelo rigor e possibilidade combinatória, do cálculo. Então em um extremo teríamos a interjeição, ou seja, a fala em estado quase puro de espontaneidade e em outro, o cálculo, ou seja, a fala fixada pela escrita, "descarnada", reduzida ao relacional, quantificada. No meio residiria a música integrando os opostos. Nesse processo o plano figurativo mais óbvio se inscreveria naquele exato momento em que a interjeição começasse a ser trabalhada em unidades distintas significantes que por sua vez começassem a "nomear" a distinguir e conseqüentemente a fixar o universo "imagístico" dependente do campo visual.

Esta explanação apresentou certa "diversidade" metodológica, todavia necessária. Graças a ela a dicotomia sujeito-objeto ressurge aqui de forma nova, não estanque. Dicotomia discutível mas necessária para com ela se manipular os conceitos de "realidade", "apropriação da realidade" ou "conhecimento" com que em última instância o teórico terá que se haver se quiser assumir o plano da "arte" (e da "ficção") integralmente, ou seja, como essencialmente produtora de "sentido". Insisto em que a dicotomia ressurge de forma nova já que a explanação estabelece uma interpenetração muito maior do que a usual entre ambos os termos sem todavia identificá-los.

Pois:

As noções: *som, interjeição, fala, imagem, figura, linguagem, cálculo,* delineiam o intercâmbio entre sujeito e objeto, tanto isolados artificialmente na sua materialidade mais simples como inscritos na cultura (vale dizer: inscritos em uma produção humana amplamente socializada). Assim a consciência da interatuação entre uma entidade psicofísica (indivíduo) considerada do plano menos ao mais complexo — e outra — ampla, intersubjetiva (cultura) deve se achar sempre presente na leitura do que se segue, precedida de algumas considerações sobre o conceito de "realidade".

Realidade/conhecimento

O termo "realidade" definido simplesmente pela linguagem comum como aquilo que "existe verdadeiramente", acha-se já dependente de uma noção composta, a de "apreensão da realidade". Pois só o que *é* se faz apreensível, nunca *o que não é*. (*O que não é,* quanto muito, pode suscitar uma falsa apreensão ou apreensão ilusória.) Sendo assim "realidade" liga-se a "conhecimento" uma vez que é este que a testemunha e a ratifica. O não-apreendido resulta no "em-si", como tal, não realizável (não tornado real). De onde se conclui não ser possível a distinção entre "produção da realidade" e "apreensão da realidade"; entre as duas acepções do "realizável", como "tornado real" e como "real-produzido". (Vale dizer: não é possível estabelecer a distinção entre a realidade tal como se forma, constitui e emerge e a realidade tal como se forma, constitui e emerge *para* o sujeito que a solicita, testemunha ou condiciona.) Se a distinção entre "apreensão" e "produção" fosse colocada com a exigência de escolha por uma ou outra noção, o "em-si" teria que se fazer — em cada caso — simultaneamente negado e afirmado, resultando em uma impossibilidade lógica.

No 1. caso: Só se *apreende* o que *já era* em si, o que *já* tinha existência em si, mas então como reconhecer no apreendido o "em-si", uma vez que ele não mais o é?

No 2.º caso: Só se *produz* o que ainda *não era* em si, o que não tinha existência em si, porém ao excluir-se do produzido o *em-si,* fica mantida e assegurada a sua natureza em si (vale dizer: externa, independente de qualquer conhecimento).

Sendo assim, o *em-si* recusa servir como instrumento de aferição da realidade. Em ambos os casos, portanto, o de *apreensão* ou o de *produção,* a aferição teria que se fazer "de dentro". *Apreensão* ou *produção* da realidade, esta só poderia ser julgada no interior do próprio processo o que em sentido absoluto resultaria em outro impasse: na anulação do mesmo processo através da identificação entre sujeito e objeto.

Como não me interessa aqui levar às últimas conseqüências essa linha especulativa e muito menos a manutenção do impasse kantiano (ou conceito-limite) de "a coisa em si", detenho-me a meio caminho, na interação entre *realidade* e *apreensão da realidade* através da noção *conhecimento.*

"Conhecer" todavia é — também — um "conhecer algo" aquilo que está fora de mim, que se coloca *fora* da consciência do sujeito cognoscente na qualidade de objeto a ser conhecido. Sendo assim a substituição do termo "apreensão da realidade" por "conhecimento" teria resolvido o impasse? De um ponto de vista estritamente lógico, não. Todavia sim, se recupero o termo "conhecer" afastando-o de uma epistemologia rigorosa e integrando-o a uma prática humana comum, cotidiana. "Conhecer" então se afirmaria como uma hipótese de trabalho (e de vida). Se não posso — infelizmente — me colocar fora de uma condição humana para aferir em definitivo se existe um sujeito cognoscente e um objeto a ser conhecido (a realidade[1]), posso perfeitamente colocar tal hipótese como ponto de partida de uma prática filosófica. Assim a dicotomia é mantida — com reservas — antes como atitude tática que viesse a impulsionar o homem à ação, esta tendo por móvel o desvelamento do próprio homem mais o mundo. A *objetividade,* ou seja, a maior "retração" possível no sujeito em face do objeto, no desejo de apreendê-lo sem distorções, se colocaria como aspiração máxima de qualquer processo que se pretendesse "cognoscente". Antes como atitude tática — insisto, de prudência e de rigor — do que alicerçada propriamente em dados fornecidos pela Ciência[2].

Aqui se faz interessante uma complementação no campo da filosofia da ciência sobre o conceito da realidade, em que

---

(1) Na qual se inclui o próprio sujeito cognoscente objetivado.
(2) Aliás, diria com Henri Lefebvre, que "Entre a dúvida metódica, praticada pela Ciência, e a dúvida hiperbólica, característica da Filosofia, há uma ruptura, uma distância que nenhum progresso, nenhuma revolução da Ciência poderá transpor". (p. 29 — *Metaphilosophie* (Trad. bras. *Metafilosofia,* São Paulo, Editora Civilização Brasileira).

contraponho a posição do físico Heisenberg, famoso por sua contribuição ao desenvolvimento da mecânica quântica, particularmente pela sua formulação do "Princípio de Indeterminação", à de Mário Bunge, titular de física teórica e autor de inúmeros trabalhos em que dados de sua especialidade servem a considerações de ordem filosófica. Heisenberg colocou de forma muito crítica as oposições: subjetivo/objetivo, idealismo/materialismo, em um pequeno trabalho de contribuição a um debate realizado sobre física contemporânea[3]. Nesse trabalho Heisenberg afirma que fica perdida, contemporaneamente, não apenas a aplicabilidade "dos conceitos e leis da antiga física, mas toda a representação da realidade que serviu de base às ciências naturais exatas até à época atual da física atômica". Diz que não mais é possível evitar a conclusão de que "a nossa velha representação da realidade já não é aplicável ao campo do átomo" e acrescenta que "nos enredamos em abstrações assaz intricadas se tentarmos descrever os átomos como aquilo que é verdadeiramente real". Vai, todavia, bem mais longe quando admite que "o próprio conceito de verdadeiramente real já foi desacreditado pela física moderna" e que "o ponto de partida da filosofia materialista precisa ser modificado neste particular" (p. 21). Porém, Bunge se opõe radicalmente a tais conclusões de Heisenberg e de todos aqueles que segundo ele dão uma interpretação empirista lógica da mecânica quântica o que os levaria a declarar que a indeterminação quântica se refere de modo exclusivo aos resultados da observação e não à matéria mesma considerando a matéria uma ficção metafísica carente de sentido (Causality, *The Place of the Causal Principle in Modern Science,* 1961, p. 28, trad. esp. Eudeba). A discussão sobre o conceito de "realidade" e particularmente o de "determinismo" tal como se apresenta dentro da Ciência hoje é pormenorizadamente tratado por M. Bunge neste livro. Para Bunge, *causalidade* apenas vem a ser *uma* dentre as inúmeras categorias de determinação, aquela, talvez, que melhor a explicite, mas aquela também onde se denuncia a infância de nossa Ciência. Ao fixar o campo da legalidade causal e ao se recusar a confundi-la com o de determinismo[4] em geral, o autor amplia des-

---

(3) *Discussione Sulla Fisica Moderna.* [Trad. bras. *Problemas de Física Moderna,* Ensaio: "A Descoberta de Planck e os Problemas Filosóficos da Física Atômica". São Paulo, Ed. Perspectiva, 1969 (Col. Debates 9).]

(4) "Determinismo" para Bunge não significa, como usualmente é usado — determinismo causal, ou mecanicista, ou ambos.

mesuradamente a área da Ciência, introduz a expectativa de uma crescente compreensibilidade do mundo sem ter para isso de empobrecê-lo, de um lado, ou de outro, de se servir da categoria de "irracional" para delimitar o ainda "não-delimitado". Tal livro se oferece como uma das mais otimistas colocações da ação científica sem para isso ter que se fazer nem um pouquinho ingênuo. Desdobra ele um leque de categorias de determinação [autodeterminação quantitativa, determinação causal ou causação, interação (ou causação recíproca ou interdependência funcional), determinação mecânica, determinação estatística, determinação estrutural (ou totalizadora), determinação teleológica, determinação dialética (ou autodeterminação qualitativa)] não pretendendo esgotá-lo. Expõe a relativa autonomia de cada nível de determinação mas também as suas conexões o que se de um lado permite que assuma o "a-ser-conhecido" como hipoteticamente dentro de uma produtividade legal, de outro impede a teoria de resvalar para o monismo de um "universo-bloco".

Voltando à mecânica quântica no que diz respeito à Teoria da Indeterminação com a subseqüente dissolução do objeto como autônomo e real (Heisenberg: "Para a ciência natural moderna não há mais, no início, o objeto material, porém forma, simetria, matemática. E, desde que a estrutura matemática é, em última análise, um conteúdo intelectual, poderemos afirmar, usando as palavras de Goethe no *Fausto,* "No princípio era a palavra — o *logos*", p. 27, *ibidem*), Bunge afirma que depois das "profecias" (como tais não confirmadas) sobre a progressiva contração do domínio da causalidade, De Broglie publicou sua célebre reinterpretação da mecânica quântica elementar (citado por Bunge — *La physique quantique, restera-t-elle indéterministe?*). "Nesta interpretação" — diz Bunge — "que até hoje é empiricamente equivalente a usual, se concebe o objeto como existindo autônomo todavia em forte interação com seu ambiente macroscópico (que pode incluir dispositivos de medição, porém não a mente do experimentador). As variáveis usuais da mecânica quântica (os 'observáveis') são atribuídas à zona de superposição do objeto e do aparelho; porém o comportamento do objeto mesmo é descrito em termos de novas variáveis, os chamados parâmetros ocultos, que não se acham submetidos a nenhuma relação de incerteza. O Princípio de Incerteza de Heisenberg é considerado não como uma limitação inerente à precisão, e sim como uma limitação técnica que procede da interação objetiva objeto-aparelho, cuja intensidade deve ser em princípio calculável com a ajuda de uma teoria mais detalhada" (pp. 362-364). Bunge expõe além disso o parcial restabelecimento de uma boa dose de determinismo causal na teoria dos quanta com citações e gráficos infelizmente impossíveis de serem transcritos — pelo seu grau de especialização — neste ensaio. Termina por dizer: "A moral desta pequena história (que produziu uma profunda desmoralização e confusão no campo acausalista) parece singela e já conhecida há tempos: Cuidado ao profetizar pormenorizadamente o futuro curso da Ciência ao longo de outro caminho que não o de um constante enriquecimento de dados e conceitos!" (pp. 364-365). Para Bunge ainda o futuro do princípio causal não parece mais incerto que o de qualquer outro princípio particular de determinação incluído em seu princípio geral de produção legal. O autor acrescenta também que todos eles surgem *agora* como indispensáveis e são possivelmente insuficientes porém que "a melhor política é não apostar em nenhum deles" (p. 365).

A "crise do determinismo" relatada por A. Moles em seu livro *A Criação Científica*[5] padece dos mal-entendidos aqui assinalados e encaminha toda uma especulação sobre o "ressurgimento do idealismo", precisamente baseado no retorno a Platão assinalado por Heisenberg.

Curiosamente Moles, que defende um mundo "inteligível" antes do que "real" e admite o parcial retorno a um "idealismo objetivo", afirma o declínio do interesse pelo número em função de um universo compreensivo. Todavia o compreensivo quando fica só com o "inteligível" tende em um limite extremo a se enredar no meramente sintático, no relacional e a se deixar prender na rede da não-interpretação (da não-compreensão). Bunge aliás também diz claramente que exatidão científica não se limita à exatidão numérica, contudo ele — que se opõe radicalmente à noção de "vacuidade" das estruturas matemáticas e defende a impregnação da matemática pelo nível semântico para se tornar compreensível, em suma, que defende a idéia de uma progressiva interpretação, ou seja, de um cerco de linguagem viva para sustentar as linguagens formalizadas — admite que ne-

(5) *La Création Scientifique*. [Trad. bras. *A criação científica*, Ed. Perspectiva, Ed. da USP, 1970, (Col. Estudos 3).]

nhum fato do mundo é inerentemente não-quantitativo, mas sim nosso enfoque e nosso instrumental em um determinado estágio do conhecimento. Não haverá contradição em Bunge, porém se esta quantificação totalizadora possível estabelecer apenas uma primeira norma de rigor científico. Pois é preciso ficar claro que Bunge rejeita o que intitula "Operacionismo hipertrofiado" o que implica atitude radicalmente antiteórica daqueles que consideram a explicação uma "tolice metafísica" (p. 299). Afirma ainda taxativamente que "a descrição pura" sem o estorvo da teoria "livre de preconceitos de interpretação, inteiramente livre de hipóteses, é um mito inventado pelo positivismo tradicional, o intuicionismo e a fenomenologia" (p. 313). Em resumo: "A ciência é a um só tempo descritiva e explicativa; e a descrição pode distinguir-se da explicação mas não separar-se dela" (p. 313).

Quando um leigo cita copiosamente qualquer autor científico, não lhe cabe assumir — por lhe faltar condições para tal — posição em alguma disputa interna, presa ao corpo de certo nível de especialização. O que poderá fazer será ratificar conclusões de ordem mais geral, esboçadas pelo autor, se estas lhe parecerem convincentemente expostas. E é o que faço. A meu ver Bunge assume a complexidade crescente da ciência contemporânea — sua diversificação e integração sempre aumentadas, *com tudo o que isto implica*. Vale dizer — não rechaça para o campo ou do incognoscível ou da metafísica, as perguntas fundamentais, aquelas vinculadas à Filosofia. Julgo ser o problema do "sentido" o problema básico da Ciência. Defino "sentido" aqui como aquela "semantização" progressiva de qualquer área estudada e que em última instância irá "enredá-la" em um espaço epistemológico maior que o seu próprio. Vale dizer: se o verdadeiro cientista "renuncia" para poder ganhar — através do corte epistemológico — uma área estável na qual possa se debruçar com relativa autonomia, todavia tem sempre presente as aspas que cercam sua renúncia, assim como a consciência de que a próxima especialização (de outrem que seja), o próximo corte epistemológico talvez se dê justamente na fronteira, no limite do antigo corte efetuado. A Ciência propõe em sua busca incessante e na sua contínua insatisfação, a hipótese de uma coerência total, reconhecendo todavia que esta — se ocorrida — levará ao monismo do universo-bloco atrás mencionado; a um processo involutivo de devoração "interna" e nadificador. O problema do "sentido" é sem dúvida um problema escabroso. Varado, este tenderia a se pulverizar indefinidamente em unidades mínimas, sempre novamente divididas, ou então, como foi dito, a sua compreensão totalizadora, ao contrário, "aglutinaria" as partes componentes do "sentido" em um processo integrador tão perfeito que levaria à identidade total de cada elemento com o outro. Mais uma impossibidade: Pois que a identidade se anula em sua própria adequação mimética; carece dos atributos da extensão e conseqüentemente da pluralidade; termina por se autodevorar como no conhecido desenho animado sobre os Beatles, *O Submarino Amarelo,* em que um monstro marinho sugador, depois de tudo sugar com o seu bico-sorvedouro, por fim se auto-engole, deixando a tela branquinha de todo. Sendo assim, varado, o "sentido" por uma interpretação-explicação exaustiva, o próprio sentido se "esvaziaria" ao ser "decomposto" ou então se auto-anularia na síntese perfeita. Inteiriço, o "sentido" resiste e afronta os métodos científicos, na condição de "intuição" (Psicologia, Fenomenologia) ou evidência (Lógica) ou aparentemente os nega em seu isolamento, ou ainda se desnatura no reino da tagarelice inflada de uma discutível "filosofia".

Bunge, penetrado de ampla cultura filosófica e precisa linguagem científica, recupera um materialismo de face nada ingênua em que o nível semântico na sua acepção mais global é amplamente defendido. Bunge não só exige a passagem do sintático para o semântico (vale dizer, do contínuo preenchimento do relacional pelo "sentido") para a progressiva integração do processo científico, como assume literalmente o Sentido/Base de qualquer proposição integradora: a categoria de "realidade". Impossibilitada de endossá-lo ou não, uma vez que não percorri no âmbito de sua especialização (a física teórica) nenhuma das etapas por ele percorridas, fico todavia com suas afirmações mais gerais (no condicional). Assumo *também* a categoria de "realidade" deixando todavia a ênfase recair sobre a noção "conhecimento" pelas razões já expostas anteriormente e que vale a pena lembrar; por permitir ela a interação entre "realidade" e "apreensão da realidade", entre sujeito e objeto, interação que se dá sem anulação do *espaço*[6] entre ambos. Reafirmo, por conseguinte, a atitude tática inicial melhor assessorada.

---

(6) O problema da "relação" e da "identidade" a meu ver constitui problema fundamental de qualquer teoria do conhecimento e até agora tratado de forma insatisfatória. "A relação só pode identificar os termos de que está formada e por outra parte, se identifica seus próprios termos, já não é uma relação senão uma identidade. Se a relação é interna não pode admitir nenhuma passagem de *A* a *B*, porque *B* já está no interior de *A*; se ao contrário *B* é "externo" a *A* não pode ter nenhuma relação com *A* e portanto também nesse caso a relação resulta impossível" (Bradley citado por Enzo Paci). Uma variação — como se vê — do problema da "coisa em si" que por sua vez remonta a Zenão.

Autonomia: avessos

Afirmei na página 206 que o teórico em última instância teria que se haver com os conceitos de "realidade" e "apropriação da realidade" (conhecimento) se quisesse assumir plenamente o plano da arte (particularmente da "ficção") como produtora de sentido. Creio ter deixado claro no capítulo anterior o caminho que tomo para sustentar ambas as noções. Passo assim a explicar agora como as vejo integradas a uma discussão sobre autonomia da arte.

Vamos admitir que eu empobreça e simplifique de forma violenta o confronto, de um lado, entre área ficcional e, de outro, entre "mundo" (entendido este, *no momento,* como uma cadeia de imagens que iria da experiência ingênua ao campo dos valores, à sua absorção no plano da cultura). Ficaria então *agora,* de um lado, na área do estético, com o nível do relacional (como determinação de valor) e no outro, no de "mundo", com o de "figura" como determinação de "realidade", pois:

As estéticas defensoras da autonomia da arte enfatizam que esta se afirma pela combinação de seus "materiais" sem entrar no próprio mérito destes. Evidentemente faço também agora outra simplificação grosseira ao eliminar diversas nuanças e variações existentes nessa faixa de teorização, negligenciando além do mais esboçar qualquer histórico a respeito. Todavia uma tal unidade forjada é necessária para determinar inúmeras dificuldades ligadas à formulação do problema. Os teóricos defensores de uma posição extrema acentuam ser determinada obra lograda ou não como arte na medida que sua estrutura *responda a* ou *rompa com* certas expectativas formais (ou relacionais). Mesmo a Teoria da Informação Estética, ao designar como sistema estético ideal aquele que transgrida até o limite máximo da compreensibilidade o padrão habitual de comunicação, não cairá fora deste enfoque formalista caso fique com o próprio mecanismo da "transgressão" como determinação de valor estético. De outro lado ao explicitar o porquê desta transgressão se constituir em valor, será remetida violentamente para fora da estrutura estética e para dentro do escorregadio mundo dos "conteúdos". Em suma: por que um padrão habitual de comunicação seria uma desvalia? Toda e qualquer resposta que se der, cairá fora da "internalidade" do sistema estético. Se eu disser: Porque um padrão habitual de comunicação não me informa sobre as transformações que sofre o mundo de hoje; se eu disser: Porque um padrão habitual de comunicação, sendo velho e se constituindo de significados petrificados (mortos) nada mais diz sobre nada; se eu ainda argüir: Porque um padrão habitual de comunicação sendo constituído de fragmentos enrijecidos ou de significações diluídas não me permite operar adequadamente — carrego o problema comigo. Operar o quê e para quê? Em que se constitui, finalmente, uma "fala" ou "linguagem operante"? Por que opera ela? "Opera sobre o mundo"? — indago cautelosamente. "Mas que bobagem" — responderá o defensor da "autonomia internalizada" — "opera sobre si mesma, ou sobre outras falas" etc. Mas então o problema volta ao início ao invés de ser deslindado. Operar é transformar? Transformar o quê, em função do quê? Transformar para quê? Com que direito privilegio uma operação sobre outra, como defender tal escolha? Pelo fato de dar vazão ao novo? Mas que diabo vem a ser o "novo" quando considerado abstratamente? Por que deve merecer a minha consideração? E será ele, mesmo, um novo-novo, ou um falso-novo? Quem mo garantirá? Qual o ponto de referência, enfim, que me irá permitir aceitar ou rejeitar este "novo"? E todas as respostas possíveis terminarão por se bater inevitavelmente nas malhas comprometedoras do não-estético. Algumas estéticas contemporâneas, cobertas de forma mais ou menos precisa pelo nome de estruturalismo, adiantam que a língua enquanto ficção cada vez mais tenderia a recair sobre si mesma, a questionar-se a si própria. Ótimo. Mas como problematizar às últimas conseqüências uma estrutura (a língua/linguagem) se não através de outros pontos de referência que não ela mesma?

Roland Barthes em um ensaio bastante interessante e sobejamente conhecido, "A Atividade Estruturalista" (incluído na edição brasileira de *Crítica e Verdade,* São Paulo, Ed. Perspectiva, 1970. Col. Debates, 24) aplica com acuidade, diria mesmo com brilho, a categoria do "real" (ou da "realidade") todavia para neutralizá-lo. Afirma ele ser o objeto estrutural um simulacro do verdadeiro objeto e este simulacro, o "intelecto acrescentado ao objeto". Sendo assim, o 2.º objeto, o estrutural, seria a inteligibilidade do 1.º, o real. Esta passagem se daria por um processo de desmontagem e nova montagem e na mecânica de tal processo (funcional) residiria a tônica da ação estruturalista. Todavia o que não fica bem claro é se o segundo objeto (o inteligível) é extraído do primeiro (o real) ou ao contrário *infiltrado* no primeiro, dando-lhe nova feição. Os complexos problemas filosóficos inerentes à relação sujeito-objeto não se acham suficientemente esclarecidos e muito menos a resposta satisfatória à distinção colocada acima. O trabalho aliás é bastante desigual, todavia pode-se afirmar que nele predomina um teor idealista bastante próximo das considerações de Moles e Heisenberg nas obras citadas. Quem ler o artigo *no seu todo* verá que não traio as intenções inerentes ao texto entre as quais se inclui também um franco entusiasmo pelo caráter técnico ou operatório da atividade estruturalista como se neste caráter se evidenciasse *por si só* a inteligibilidade do humano. Neste ponto se faz necessária a retomada de Bunge quando este adverte sobre os perigos decorrentes de um operacionismo hipertrofiado. E Barthes ao dizer que o "objeto fabricado pelo estruturalismo revela uma categoria nova que não é nem o real, nem o racional, mas o funcional"(?), não deixa dúvidas de que faz recair na sintaxe (essencialmente operatória) a fonte única geradora de sentido. Isto fica ainda particularmente claro no que se segue quando afirma que "o objeto do estruturalismo não é o homem rico de certos sentidos, mas o homem fabricante de sentidos, como se não fosse absolutamente o conteúdo dos sentidos que esgotasse os fins semânticos da humanidade, mas o simples ato pelo qual esses sentidos, variáveis históricas, contingentes, são produzidos. *Homo significans*: tal seria o novo homem da pesquisa estrutural". Se recuso esta formulação não recuso todavia o que Barthes ainda acrescenta a respeito do processo significativo, a saber: a sua radicalização por meio da Literatura que segundo ele (e nesse ponto cessa a minha identidade com o seu pensamento) *diria* o *lugar* do sentido ao invés de nomeá-lo. E quando ele desenvolve tal raciocínio, afiançando que "a Literatura é ao mesmo tempo, inteligível e interrogante, falante e silenciosa, engajada no mundo pelo caminho do sentido que com ele refaz, mas liberada dos sentidos contingentes que o mundo elabora" como aceitar uma tal interpretação da função da Literatura sem — ao se percorrer uma terceira vez o caminho do sentido, agora por meio da crítica — não se ficar, de um lado, retido na simples tautologia ou, de outro, dela fugir para a irresponsabilidade conceitual propiciada pela sua libertação dos sentidos contingentes?[1] Como repassar as formas que, sim, certo, concordo com Barthes, podem estar no próprio real — sem tentar compreender e justificar a aceitação ou negação das simetrias, assimetrias — enfim como valorizar ou desvalorizar uma "topologia", um "espaço sintático", uma "morfologia", sem se perguntar o *porquê* dessa valorização, sem tentar (ainda que antecipando a possível falência da empresa) preencher o lugar do sentido pelo próprio sentido? Ao substituir o termo *verdade* pelo de *validade,* terá sido realmente mais modesto, mais "científico", Barthes? Pois como assegurar a validade de alguma estrutura sem a sua projeção em um fundo mais amplo, que de uma forma ou de outra *responda* por ela?

A formação do conceito de "metalinguagem" como o despegamento de uma significação segunda que se descolasse sempre da primeira e a julgasse, sofrendo posteriormente ela mesma o processo, resolveria o impasse se a vulgarização do termo e a sua aplicação usualmente não desatendessem à interrogação que naturalmente ressalta do próprio processo. A interrogação é a seguinte: Essas sucessivas linguagens, essas sucessivas significações que passam de sujeito a objeto, de sujeito a objeto, em um movimento infinito, desenhariam *alguma* direção? Sim, se eu fico com a categoria de "realidade", ainda que de forma tática. Não, se eu a substituo pela de "validade"[2]. Pois então as metas-meta-meta-meta-linguagens

---

(1) Esta libertação dos "sentidos contingentes" é acentuada e levada às últimas conseqüências por R. Barthes em sua obra *S/Z*.

(2) Considero a axiologia (ou teoria dos valores) no seu sentido mais amplo, não reduzida à ciência dos valores morais apenas. Definindo-a como a "ciência da estimativa e da apreciação em geral", julgo-a estreitamente vinculada à epistemologia. Aceito assim plenamente a definição que Wolfgang Köhler dá para os valores como sendo entidades vetoriais que sempre apontam para um sentido e possuem direção para um determinado ponto reconhecível como fim. Isto será melhor explicado adiante em "Qualificação Gradual").

iriam, em um processo incoercível, abstratizando-se até sumirem como fumacinha diante de meus olhos. Sem remanejar continuamente a categoria de "realidade", sem assumir com todos os riscos que isso impõe, a pressuposição de que há algo fora de mim (sujeito cognoscente) passível um dia de ser conhecido, não me arvoro fora, não me lanço fora de um relacional mecânico. Não me arvoro — atenção — a perguntar o que o "sintático" (ou o "funcional"), a "relação" significam em seu *próprio plano* (que fique bem claro, em seu *próprio plano*) se não aguço seus contrastes por meio de valorizações e isso só possa realizar sabendo em função *do que* valorizo. Vejam o exemplo — para que este ponto fique bem claro — entre um quadro completamente abstrato (sem formas embrionárias, sem esboços de figuras, sem títulos ou teorizações que o alimentem e insinuem analogias), totalmente "geometrizado", e um quadro figurativo. No primeiro, a ordem de relação, permutação, simetria e assimetria, possui a previsibilidade que lhe confere a uniformidade da área (o campo geométrico); no outro, o desenho do relacional se torna infinitamente mais complexo. O plano das representações retiradas da experiência ingênua oferece relações e permutações em vários níveis de significação, em toda a extensão do campo psicofísico (integrado na cultura), passando da imagem como "forma tátil", como pele, sensoriedade, à imagem-imagem, à imagem-conceito (na qual aliás o próprio geométrico se acha contido). Esse exemplo, baseado em figura "natural" e "geométrica" (ou — para utilizar outra designação — baseado em "figura" e "não-figura"), é bastante delicado e deve ser entendido com a devida reserva. Não estou negando validade à obra "abstrata" (designação infeliz, convenhamos), mas sim insinuando que o limite máximo de abstração, contraditoriamente ao que seria de se esperar (uma vez que a obra abstrata é primordialmente relacional) a um exame atento revela uma estrutura mais pobre e não mais rica que a da obra figurativa. Essas considerações evidentemente exigiriam um desenvolvimento maior, o que aqui não cabe. O conhecido livro de Rudolf Arnheim *Art and Visual Perception* "(Psychology of the Creative Eye") fornece a base experimental e metódica para muitas considerações aqui formuladas. Encara ele a visão sempre como exploração ativa e nunca registro fotográfico (o visual contra o óptico), atribuindo-lhe a condição de "juízo visual" (de componente nos processos intelectivos) o que me permite reiterar que: A forma de uma figura depende em parte de seu tema para estabelecer seu campo de forças, atrações, repulsas, enfim, seu mapa estrutural, o que faz com que o próprio conceito de forma adquira um dinamismo muito seu, de deslocamento constante, nunca coincidindo com seus próprios limites físicos (àqueles ligados a uma materialidade pouco complexa, de nível inferior).

Assim, dado o valor que atribuo à relação forma/figura, à sua interdependência, fica-me difícil, por exemplo, compreender como a análise de uma imagem fotográfica através dos números (uma das muitas aplicações da "arte de computador" ou "arteônica" (neologismo criado pelo pintor Waldemar Cordeiro[3], seu pesquisador aqui no Brasil) ao quantificar alguma figura, ao revê-la através de uma rede numérica, pontual (a "digitalização da imagem[4] — como ele a chama) possa trazer sobre ela uma informação nova se não gerir o estudo dessa quantificação pelo analógico que lhe deu origem; pelo analógico que irá recuperar um tal conglomerado pontual reintroduzindo-o no plano das significações de onde emergiu.

Acrescento ainda que a noção de *mimese* (ver parte final) até certo ponto depende da de *figura* e portanto participa igualmente da complexidade que atribuo a esta. A mimese aliás — se examinada em detalhe, particularmente como está sendo revista hoje — abre-se a quaisquer tipos de equivalência, não apenas aos mais óbvios, constituindo um termo essencial para com ele se compreender o campo da signifi-

(3) Waldemar Cordeiro faleceu no dia 30 de julho de 1973 quando este livro já fora entregue à Editora. Meu amigo pessoal, conhecia bem as dúvidas que eu alimentava a respeito de muitas formulações ligadas às suas pesquisas mais recentes. Havia-lhe dito semanas antes que o mencionara em um trabalho. A sua morte súbita impede não só a continuidade da polêmica que mantínhamos como toda e qualquer retificação no caso de eu haver, ainda que de boa fé, porventura traído o seu pensamento. Conservo o trecho intato agora apenas como ponto de partida para um melhor estudo e uma melhor compreensão daquilo que foi nos últimos anos o objeto de sua mais cara e constante preocupação intelectual: a *arteônica*.

(4) "Os meios digitais consistem na transformação de uma imagem em números — e vice-versa — de modo que as formas possam ser obtidas a partir de operações aritméticas. O problema mais complexo até o momento está na relação entre os números (que de acordo com os conceitos aceitos pelo grupo constituiriam a estrutura mais profunda da realidade visual) e o que aparece. Principiou-se a ação na procura do *número do olho*. A geometria realiza visualização de idéias."

(Fragmento da reportagem realizada pelo *O Estado de São Paulo*, 16-11-72 — por Roberto Godoy da Sucursal de Campinas, sobre o CENTRO DE PROCESSAMENTO DE IMAGENS da Universidade de Campinas do qual fazia parte Cordeiro, sendo também o Diretor do Departamento de Artes Visuais do Instituto de Artes da mesma Universidade. Mesmo admitindo uma certa simplificação ou mesmo deformação na transcrição da matéria, própria da reportagem, o trecho parece-me bastante esclarecedor.)

cação, indicado aqui de maneira simplificada justamente sob a denominação de "figura".

Até agora foram feitas considerações visando demonstrar a necessidade de se atender ao "comprometimento" do campo estético — por essência significativo — com outras áreas.

Todavia, se realmente assumo um tal ponto de vista, o de uma estética *grosso modo* chamada "conteudista", não me vejo a braços com menores dificuldades. Se me faço defensora de uma arte considerada não em sua autonomia, mas sim em seu grau de comprometimento, vou ter que procurar o material para testemunhá-la como obra lograda ou não, *fora* de si mesma. E ao explicá-la por outra coisa que não ela corro o risco ou de engolfá-la na semovência significativa do próprio mundo (que não é ela) ou de estrangulá-la e sufocá-la nos limites estreitos de outra especificidade (Psicologia, Sociologia etc.) que também não é ela. Onde estará ela, perguntarei por fim, desarvorada; estava ainda aqui, agorinha mesmo. Ela, quem? perguntará algum maldoso. Bem, a *estrutura estética* responderei mais desapontada ainda. Engajada que fosse, atrelada que fosse a qualquer outra, tinha também qualquer coisinha de sua, não é mesmo?

Enfim, como preservar esta "qualquer coisinha de sua" que — desafiadoramente para o crítico — se não é assumida ao pé da letra, borra os seus limites e se confunde com outras áreas — e se é assumida literalmente ao pé da letra — parece perder — no exato momento que lhe conferimos independência — maior importância?

Qualificação gradual: parêntese

Ao invés de pretender esboçar já a resposta volto a acentuar o intercâmbio entre sujeito e objeto considerados, em um extremo, na sua materialidade mais simples (ao nível do sensorial) e em outro, no âmbito da cultura (já inscrita a relação em uma produção humana amplamente socializada). Todavia — como não consegui deslindar satisfatoriamente o impasse do "em-si" e do "para nós" (ver a argumentação da p. 207) projeto a relação em um campo provisoriamente abstrato, povoado por figuras, a que chamarei *campo x*. A respeito desta provisória abstração em que inclui a figura [da figura tátil à figura conceito (imagem)] recordo mais uma vez que não cabe ao ensaio especular se o sujeito para "discriminar" figuras lança sobre o objeto (realidade) uma rede verbal ou se é esta rede, a linguagem, que para se constituir inteligível acha-se alicerçada em amplo chão figurativo (objetual). A prioridade — mesmo apenas lógica — não pode mais ser tratada aqui sob pena de não se avançar o trabalho.

As noções "realidade" e "conhecimento" dependentes da relação sujeito/objeto (realidade = objeto a ser conhecido ou já conhecido; sujeito = o que conhece, o que "realiza" a "realidade") estariam assim também provisoriamente desatendidas, ou melhor, rebatidas para a abstração deste campo. Nele haveria apenas coisas e não-coisas. "Coisa" aqui se define como a própria figura no seu estágio inicial, ainda totalmente não-qualificada. Possui a mesma abstração do próprio campo onde se insere.

Ordeno então em um quadro, em um plano, a progressiva qualificação de "coisa".

figura: propriedade *segregativa* e *pregnante* de coisa: a coisa é. (Noção de limite: a coisa se recorta de outras, segregando-se e se faz pregnante em relação às suas próprias partes, o que permite a sua constituição.)

fisionomia: propriedade *distintiva* de coisa. (Noção de diferenciação: a coisa é esta e não aquela.)

significação: propriedade *afirmativa* de coisa. (Noção de diversificação, ou seja, de distinção intensificada.) A coisa afirma-se como tal; qualifica-se.

valor: propriedade de *ordenação hierárquica* de coisa. Noção de posição. A coisa coloca-se em um universo de coisas. É *mais* ou *menos* em diferentes graus e direções.

A noção de "significação" todavia, não elimina o valor. Pois a "significação", ou seja, a possibilidade de uma *coisa* distinguir sua especificidade, afirmando-a, acarreta já em sua própria área, dentro de seus próprios limites, um processo valorativo. Distingo então *significação* e *valor* da seguinte maneira: *significação* seria uma valoração interna, presa ao corpo da coisa em questão. Esta significação seria confrontada com outras mas a sua *condição significativa* repousaria na afirmação de seus próprios limites. *Valor* seria ao contrário uma *significação externa,* com tendência a propor fins (Wolfgang Köhler). Com tendência a *subordinar* significações, a colocá-las numa ordem de expansão hierárquica.

E é aí, nesta ordem que se abre, que se expande sem que o seu termo seja vislumbrado, que se recupera a noção de "realidade", que se nomeia esse *campo x* gradualmente revelado e que — conseqüentemente — se recupera a relação sujeito-objeto.

Pois o ato de valorar acarreta consigo *direção* e *referência*. O que é valorado está orientado por aquele que nomeia o valor (direção) e por aquilo que testemunha o valor (referência). A referência sempre será portanto um outro valor. E qual a referência última para uma ordem expansiva hierárquica de significações se não o critério de realidade? Os critérios de "validade" ou de "funcionalidade" mostram-se atuantes se "detenho" a exigência por compreensibilidade (ou, falando nos termos abstratos do *campo x,* se embargo — por assim dizer — a crescente diversidade qualitativa de "coisa" em uma etapa qualquer); mas ao contrário, se não a detenho, se a

223

assumo, levando às últimas conseqüências as implicações do "valorar" como escapar ao conceito? Como não admitir uma realidade a ser apreendida, ambição última de uma cadeia de "posições subordinadas", de "escalonamentos significativos" e como não admitir o sujeito cognoscente como aquele que "dirige" o escalonamento, que torna o processo perceptível, torna perceptível as etapas progressivas de significações? Valorar seria assim o próprio "conhecer" com sua especificidade intensificada. Em um primeiro estágio o que se conhece é simplesmente "nomeado"; em um segundo estágio, todavia, é "empenhado". Em resumo, é o conceito de "realidade" que *instiga* a progressiva qualificação de "coisa", esporeia-a, desdobra-a, dá-lhe "sentido". Desta forma, a noção de "sentido" volta sub-repticiamente e posso, aliás, preciso dela me ocupar sob pena de fazer com que todo o processo de discriminação qualitativa se anule e retorne à estaca zero do *campo x*. O sentido seria assim — encarado globalmente — como essa "latência", essa exigência por compreensão total que — se é apenas prospecção — todavia sempre esteve inscrita na diversidade de "figuras" conhecidas. Vale dizer: cada estágio assegurado de "significação" assume como tácito um sentido até certo ponto autônomo e ao mesmo tempo sabe que — para a defesa desta mesma autonomia — se acha empenhado, jogado violentamente em uma seqüência progressiva de outras significações.

Desdobro agora — nesse capítulo/parêntese — um apêndice para designar as dificuldades com que me defronto à medida que procuro me tornar "rigorosa", que procuro mais e mais circunscrever e esgotar a área de cada conceito manipulado.

Na tentativa de depurar termos, de vê-los o mais possível como padrões estáveis para com eles constituir uma especulação sobre a especificidade do estético, observo duas conseqüências, antagônicas e discutíveis, ambas.

Corro o risco — nesta tentativa de depuração — de limpar e redefinir conceitos que possuam um reflexo compreensível imediato na linguagem não-especializada, de:

a — fazer uma espécie de fenomenologia do conceito (jogando com a oposição figura/fundo, da *Gestalt*) ou então de

b — gradativamente — nesta ambição de cada vez mais enxugar e depurar noções — fazer depender a exposição de um progressivo encaminhamento em direção à lógica formal.

No primeiro caso — o de uma fenomenologia que surge à deriva — há o risco inevitável de uma proliferação conceitual jamais estancável[1].

No outro, de se vir a "pulverizar" todo e qualquer sentido na ambição de prendê-lo de vez, de detê-lo completamente em uma rede de formalizações. (A lógica justamente elimina o sentido para operar e o problema da não-interpretação no plano teórico já foi tratado) (ver p. 211).

Que conclusão tirar, e que caminho seguir?

Evidentemente não desenvolvi um tal apêndice com o intuito de me fazer choramingas e de exibir desconsoladamente uma suposta "impotência" da linguagem. Meu intuito foi bem outro.

Uma vez que assumo como hipótese viável estar o mundo impregnado pela língua (ou seja: só poder se constituir compreensivelmente a partir de significações) e vice-versa, a língua só poder "ter sentido" se lhe subjazerem "imagens" externas a ela — e uma vez que irei me deter particularmente na especificidade do estético enquanto texto (enquanto linguagem) e uma vez ainda que o instrumento para a aferição de tal especificidade é constituído pela mesma matéria de seu objeto (a própria língua efetivada na linguagem) o apêndice perde imediatamente sua condição ilhada, murada, de "hiato" — para ganhar a condição de exemplo privilegiado na formação de um novo critério de rigor para a compreensão da especificidade estética. Qual?

---

(1) A propósito, certas dissertações contemporâneas, estruturalistas, pós-estruturalistas ou de uma ou outra maneira por ele, estruturalismo, influenciadas, chegam, curiosamente, partindo de uma suposta contenção metodológica, de uma rigorosa delimitação de áreas, a verdadeiros delírios verbais, a verdadeiros arroubos conceituais. Roland Barthes aliás sempre manifestou essa duplicidade de forma por assim dizer, programática: de um lado, o *sistema*, de outro, a *escritura*. De um lado os gráficos, esquemas, inventários, a montagem, desmontagem. De outro, a estruturação "sem estrutura", o texto plural, a escrita fluindo sem fim ou começo, o descentramento, o vazio etc. O livro *Barthes* de Gui de Mallac e Margaret Eberbach que constitui uma súmula de sua obra, com exemplificação por meio de pequenos trechos, evidencia — através de uma tomada geral — esta sistematização "rigorosa" que se lança voluptuosamente em um vazio "plural" e equívoco.

Rigor e sistema aberto

Alhures em um posfácio crítico para um livro de Semiologia aplicada à Sociologia[1], esse problema foi por mim levantado quando lembrei que o uso rigoroso da língua não deve ser confundido com aplicação rigorosa do modelo lingüístico. Tal aplicação em inúmeros estudos intitulados com maior ou menor felicidade, de "formalistas" ou "estruturalistas", se traz como saldo favorável uma tendência a delimitar a área estudada assim como a de controlar rigorosamente o instrumental utilizado — com isso aproximando-se do método científico (pelo menos à primeira vista) acarreta todavia o grave defeito de deixar escapar por baixo da rede minuciosamente tecida o objeto mesmo que almeja apanhar. E isso principalmente porque tal aplicação no desejo (louvável) de enumerar, catalogar, codificar, enfim, discriminar uma especificidade (língua-fala) desatende justamente àquilo que a caracteriza como tal. Especificidade esta que se apresenta através de uma morfologia altamente irregular e instável como se verá adiante. No trabalho citado, lembrei como exemplo que a filosofia da matemática não se faz através de um processo de formalização análogo ao da própria Matemática mas sim inferior a esta. Tem-se então uma linguagem *menos* formalizada para a avaliação de outra *mais* formalizada e a necessidade desta "perda de formalização" para a inserção da "maior formalização" (a matemática) em um conjunto especulativo amplo (a filosofia da matemática, também da ciência) constitui o exemplo por excelência para mostrar a difi-

---

(1) BAUDRILLARD, Jean. *Le Système des Objets*. [Trad. bras. *O Sistema dos Objetos*, São Paulo, Ed. Perspectiva, 1973 (Col. Debates 70).]

culdade na determinação de uma norma de rigor — tanto para o uso da língua como para os estudos sobre ela.

Por que a dificuldade?

Porque a linguagem "comum", não-formalizada, é que aglutinaria a complexíssima rede de práticas e de processos que implica a totalidade da ação humana, revelando-se assim naturalmente como uma espécie de vórtice onde se constituiria o "sentido". Em vários ramos da Ciência, de maneira mais ou menos radical é possível (e preciso) abdicar dessa linguagem comum para — através de um controle simbólico rigoroso — cercar e determinar a área a ser estudada. Todavia, quando a área em questão liga-se diretamente à natureza e à formação do "sentido" (arte, níveis últimos de teorização etc.) o *controle* e o *rigor* tem que ser de outra ordem. A impossibilidade de formalização completa significa então que a língua — em seu uso e gasto intersubjetivo que é aquele que permeia o existir do homem em sociedade — mesmo quando corpo de normas padronizadas, estáveis, conquista e acervo de coletividades diversas — acha-se por assim dizer constantemente ameaçada pela mobilidade da ação humana. Esta, sendo humana é significativa, ou seja, *atua interpretando*. Em outros termos: atua projetando ações possíveis sobre as recém-realizadas. Desta forma a própria fala é forçada a uma constante modificação em face desta prática múltipla que a impregna (melhor dito: *que a constitui*) e lhe solicita *"ação e produção" dentro de seu próprio sistema*[2]. A linguagem "comum" se apresentaria então como um sistema gerador (e receptor) de sistemas mas que pela sua condição mesma de matriz estaria longe de se apresentar com as características de um sistema mecânico. O livro de Walter Buckley, *A Sociologia e a Moderna Teoria dos Sistemas*[3] no cap. 3 se propõe a definir o conceito geral de "sistema", dando sobretudo realce às diferenças entre os principais tipos de sistemas assim como aos

---

(2) Por esta razão a elaboração de um Sistema Semântico Global vem a ser uma hipótese altamente improvável para não se dizer absurda. U. Eco lembra a respeito ser a vida dos campos semânticos mais breve que a dos fonológicos "onde os modelos estruturais aspiram a descrever formas que se mantenham inalteradas no decorrer da história de uma língua por muito tempo". E acrescenta: "Visto que os campos semânticos enformam as unidades de uma dada cultura e constituem porções da visão do mundo própria dessa cultura, bastam movimentos de aculturação, choques de culturas diferentes, revisões críticas do saber, para desorganizar totalmente um campo semântico". *Le Forme del Contenuto* [Trad. bras. *As Formas do Conteúdo*, São Paulo, Ed. Perspectiva, Ed. da USP, 1973 (Col. Estudos 25)].

(3) *Sociology and the Modern Systems Theory*. (Trad. bras., São Paulo, Editora Cultrix.)

problemas metodológicos de análise por eles suscitados. Diz ele que "a transição dos sistemas mecânicos para os sistemas adaptativos, de processamento de informação, está intimamente relacionada à transição de um sistema relativamente *fechado* a um sistema *aberto*". E adverte: "O fato de um sistema ser *aberto* não significa apenas que ele se empenha em intercâmbios com o meio, mas também que esse intercâmbio *é um fato essencial,* que lhe sustenta a viabilidade, a capacidade reprodutiva ou continuidade *e a capacidade de mudar*" (último grifo, meu). Lembra que "a resposta típica dos sistemas naturais, fechados, a uma intromissão de acontecimentos ambientais é uma perda de organização ou mudança no sentido da dissolução do sistema (muito embora, conforme a natureza e a força da intromissão, o sistema possa, às vezes, passar a um novo nível de equilíbrio). *Por outro lado, a resposta típica dos sistemas abertos a intromissões ambientais é a elaboração ou a mudança de sua estrutura para um nível mais alto ou mais complexo*". E adianta: "E à medida que vamos escalando os níveis de sistemas, verificamos que os sistemas se vão tornando cada vez mais abertos no sentido de se empenharem num intercâmbio mais amplo com uma variedade maior de aspectos do meio, isto é, são capazes de mapear ou responder seletivamente a uma esfera maior e a maiores detalhes da intérmina variedade do meio. No nível sociocultural, os detalhes do meio natural subordinam-se ao meio social, mímico, simbólico, que é agora mapeado e ao qual se responde de maneira seletiva e mais minuciosa como a base da vida grupal". Pessoalmente para a elaboração deste ensaio não sentiria tanto a necessidade de me servir do conceito de "sistema". Se a ele recorri foi por precisar criticar a noção de rigor decorrente de seu uso na forma como tem sido aplicado a campos diversos de significação (*Système de la Mode, Sistema dos Objetos,* para dar dois exemplos recentes). Tais usos levam a uma internalização de autonomia perfeitamente assegurada, assegurada todavia na medida justamente que trai a interação complexa entre sistema e meio, inerente ao "sistema aberto" segundo Buckley. Assim a especificidade que levanto, não ainda a do estético mas de seu material base (a significação na área da língua), é a especificidade que se caracteriza justamente como fulcro, interseção de diferentes "práticas".

A constatação de que *não* se pode fazer filosofia da matemática com a própria Matemática mas sim com um plano de simbolização muito mais "imperfeito" que o seu, um plano cheio de irregularidades, assimetrias, superposições, tautologias, desdobramentos etc., é espantosa apenas se não considerarmos os aspectos constituintes da língua mencionados atrás. Não se faz filosofia da matemática com ela própria, em um paralelismo perfeito ou então não se a cobre com uma "formalização" superior à dela[4] mesma porque: a linguagem "não formalizada" (o modelo mais *puro* de *impureza* se me concedem jogar cautelosamente com o paradoxo) é que permite a constante passagem de um "sistema" a outro, de um grupo de significações a outro. Assim a Matemática precisa, para ser compreendida e discutida, ser "inserida" na mais ampla diversidade de uma *prática* de pensamento. Pois só o nível semântico mais rico (de que se carrega e se reabastece continuamente a linguagem "comum") *propõe* de fato o problema da emergência do novo em qualquer campo do conhecimento, *constata* a falência da *linguagem exaustiva, assume* a consciência da linguagem não lograda de todo, a *pressão* do ainda-não-falado. Acredito que a Ciência, (vista globalmente como ato de razão) não pode descurar dessa peculiaríssima modalidade formativa que é a da língua. Desconhecê-la é ser levado no campo teórico a um abstracionismo crítico minimizador de contrastes que rechaça para longe de si a "interpretação". Contudo esta, tão malvista ultimamente em Teoria da Literatura, como se só pudesse responder por uma tagarelice irresponsável, anticientífica, na verdade é a única noção que permite acompanhar o contínuo movimento de deslocamento, troca, substituição e expansão do universo humano de significações. Ela que permite que se "trace" o mapa de alguma especificidade sem meramente repeti-la. O movimento de *incoercível fuga* do processo interpretativo — jamais fechado — não deve ser visto como facilidade pois é ele que — ainda que não logrado — *assume* (com todas as conseqüências frustradoras da tarefa incompleta) o universo do "sentido". E então mais uma vez (ainda mais uma vez) nos chocamos com o conceito de "realidade" que espia longe e desafiadoramente em um universo crítico. Noção tática que instiga o cientista que trabalha na área do literário — ou de outras

---

(4) Não confundir o que acaba de ser dito com as conclusões de Kurt Gödel sobre os limites da formalização.

áreas de significações ligadas a uma intersubjetividade ampla — a não deixar sua capacidade crítica se atrofiar na camisa-de-força de uma velha-velhíssima noção de Ciência, não-interpretativa, achatada em uma descritividade sem relevo.

Intercalo, para poder avançar nessa linha de raciocínio e esclarecer melhor o último parágrafo, uma breve conceituação — uma vez que breve, necessariamente rígida e insuficiente — das noções de "descrição", "explicação" e "interpretação".

A *descrição* repetiria o objeto, percorrendo-o.

A *explicação* reduziria o objeto a um outro. Seria uma interpretação de direção única, definitiva e fixa.

A *interpretação* admitiria para o objeto uma série de linhas explicativas e um grau de arbitrariedade na organização dessas linhas. Seria uma explicação múltipla e até certo ponto provisória (comportaria outras).

Em um extremo a *descrição* estaria sempre retendo e mantendo — zelosamente — o campo estudado. Em outro, a *interpretação* estaria sempre — ao contrário — inserindo, desdobrando ou transformando o campo estudado em outros. A *explicação* enfim é que mostraria, de forma nua e clara, tanto o mecanismo da "internalização" como o da "extrapolação".

As três noções sem dúvida surgem como interdependentes apesar de em certos estágios metodológicos poderem aparecer até certo ponto dissociadas. É, todavia, no trabalho crítico que de uma maneira ou de outra tenha como objeto de estudo o próprio *campo da significação* (caso da ficção — ver mais adiante) que a interdependência se auto-evidencia.

Assim qualquer enfoque desta ordem será:

descritivo por percorrer o objeto em questão atentando aos seus limites;

interpretativo por não repetir o objeto e sim desdobrá-lo em outros (outras significações) que por contraste ou similitude melhor afirmem a sua peculiaridade: *melhor o expliquem*.

Contudo *não será explicativo* naquilo que uma explicação possui de redução do novo ao familiar, de causa externa, única e fixa.

Esta impossibilidade de se ficar retido em uma só noção e com ela *esgotar* a problemática de um processo crítico (particularmente dentro da Literatura) retoma o falso antagonismo: crítica formalista, crítica conteudista, ou análise "estruturalista", análise "impressionista"[5] O grande mérito da análise chamada formalista, posteriormente da estruturalista, foi, repito, o da ênfase operatória colocada na "especificidade" do estético com a subseqüente tentativa de circunscrevê-lo. O grande defeito atual e o impasse tecnicista a que chegam os seus defensores é o de não terem sabido "retomar" a crítica "impressionista" e rever o que ela em seus próprios desacertos ainda assim teria revelado: a desassombrada procura por "sentido".

Só a interpretação com sua técnica "desestruturada", "fluida", permitiria esboçar o movimento de expansão para significações sempre mais abrangentes. Assim a exigência por rigor na área do humano: Antropologia, História, Filosofia, Estética etc., teria que manter no seu horizonte crítico uma igual exigência por "sentido" em sua acepção mais ampla sob pena de invalidar completamente o material analisado. Teria outrossim que se haver com um instrumental altamente complexo em seu uso (não confundir com "impreciso"): a linguagem *liberta* de esquemas rígidos porém *presa* ao intricado e sinuoso desenho de seu caráter marcadamente produtivo e transformacional. A aferição de "erros" e "acertos" em última análise teria então que se dar — como até hoje se deu — por uma espécie de consenso intersubjetivo, sem "prova" no sentido científico estrito.

Todavia a constatação desta modalidade de uso e de avaliação através da língua não retoma simplesmente o estágio anterior. Enfrentou a exigência por "cientificidade" ultrapassando a identidade errônea entre rigor e formalização. Compreendeu que a interdependência entre processo discriminatório de um lado e integrativo de outro, se existiu sempre de uma ou de outra maneira no campo do conhecimento, no estudo da área de significações que permeiam a ação humana, apresenta de forma problematizada e aguçada o seu mútuo comprometimento.

Um exemplo:

A Medicina, em seus primórdios, tanto na sua teoria como na sua prática, foi "mágica". O homem pretendeu *atuar*

---

(5) Não estou cometendo o erro de identificar crítica "conteudista" e análise "impressionista". Mas sem dúvida as críticas que utilizam o vocábulo piloto "conteúdo" em geral fazem uso de uma técnica "impressionista" entendida esta na acepção bastante lata de "aproximação interpretativa" onde a análise se desenvolve e avança por meio de uma valorização/adjetivação, por assim dizer, sem peias.

no seu próprio organismo assim como defendê-lo de agentes destruidores, fazendo depender esta atuação e defesa de uma ampla inserção do organismo em uma visão-de-mundo. O corpo era visto como unidade que sofria a influência de um ambiente/significação (que do campo social passava sem transição para o imaginário). Vence-se o estágio mágico, chega-se à Medicina propriamente dita. O organismo humano é isolado, examinado em sua "autonomia" e secionado em partes para que o próprio homem possa nele operar. A divisão do corpo em áreas (quaisquer: órgãos, sistema glandular, sangüíneo etc.) resulta grandemente eficaz. Todavia com o tempo essa excessiva relevância dada tanto ao organismo enquanto entidade "específica" como às suas partes, começa a revelar-se anticientífica. O estudo do organismo como um todo independente e constituído de "partes" nitidamente definidas, hipertrofia-se. Científico nesse caso passa a ser, não retomar o estágio mágico, mas recuperar o organismo humano com todas as interdependências que tal estágio — ainda que sem Ciência — esboçava. Caminha-se então dentro da Medicina para os conceitos de psicossomático, psicossocial etc. Conclusão: ela, a Medicina, para se constituir como Ciência pareceu a um certo estágio não necessitar de "sentido". Todavia para *continuar* Ciência precisou chamar a si a área do sentido; vale dizer: precisou considerar o organismo humano em todas as suas correspondências com o ambiente, não apenas as mais simples. A interação ambiental passa a ser então cada vez mais complexa: psicofísica, social, ideológica.

Esta analogia — como todas as analogias, não inteiramente satisfatória — talvez ajude a compreender a enorme conquista que representou o conceito de "especificidade", de autonomia, para o fato literário (por extensão, estético) mas a ausência de real progresso teórico e pode-se mesmo dizer a presença de certa atrofia teórica que acarreta o longo prazo confundir "rigor" com determinada conquista fruto apenas de determinada etapa metodológica. Assim estudar o fato literário (ou outro fato no campo da arte) elegendo cuidadosamente uma área semântica debastada de suas ambições para poder ser "operada" implica invalidá-lo de saída. Pois a língua por *integrar* a multiplicidade de práticas significantes que implica qualquer ação humana (sendo ela própria uma, dentro desta série de práticas) exige ser estudada (assim como "utilizada") *com* aquilo que a caracteriza; vale dizer:

com a própria emergência do sentido e não apenas com o seu *lugar*.

A distinção não é simplesmente uma maneira modificada de se dizer a mesma coisa. Acredito — ao contrário — que ela venha a se revelar substancial para a determinação das obras particulares impedindo a atividade crítica de cair em uma total ambigüidade axiológica, em conseqüência, judicativa.

Mimese e obra fechada

É na ficção que a característica da linguagem natural como produtora de sentido se manifesta de forma mais radical. Fora do contexto literário o termo ficção abriga as acepções de "fingimento", "imaginação" ou "simulação"; dentro, responde por aquela parte da Literatura que usualmente é definida como enformada por fatores preponderantemente imaginários. Contudo em toda a história do fato literário, a partir de Aristóteles, a especificidade deste imaginário é descrita através de vários tipos de representatividade, ou seja, de vários "referentes" ligados tanto aos processos criativos como aos próprios objetos que tais processos pretendem "simular". Aristóteles na sua *Poética* já admite — a partir mesmo da simulação mais fiel — uma violenta ruptura entre fato e "simulação" quando diz: "Os objetos reais que não conseguimos olhar sem susto, contemplamo-los com satisfação em suas imagens mais exatas; é o caso dos mais repugnantes animais ferozes e cadáveres. A causa é que a aquisição de um conhecimento arrebata não só o filósofo, mas todos os seres humanos, mesmo que não saboreiem durante muito tempo essa satisfação" (Parte IV). A própria reprodução, portanto, já se afastaria da duplicação pura e simples ao gerar um novo tipo de fruição para aquilo que aparentemente seria a mesma "imagem". Ao introduzir um elemento de prazer na observação daquilo que ao vivo produziria horror, o caráter "simulado" se evidenciaria levantando já, ainda que de forma pouco complexa, o problema da intencionalidade estética[1]. Já noutro trecho Aristóteles admite como "vulgar"

(1) Atenção: Não vincular esse desenvolvimento teórico às exemplificações de *A Crítica do Juízo, sobre* "beleza aderente" e "beleza livre".

o que se propõe imitar tudo (parte XXVII) e com isso acrescenta agora a *seleção* como constituinte da mimese. Mas é ao distinguir a mimese segundo os *meios, o objeto* e o *modo* e ao estabelecer os gêneros segundo tais especificidades miméticas e — principalmente — ao atribuir a um gênero maior importância que a outro — que afasta definitivamente a "reprodução", de um lado da réplica exata, como tal, idêntica; de outro, de uma "simulação" absoluta, como tal, vazia. E ao atribuir ao poeta uma capacidade imagética exploratória e aventurosa (este — diversamente do historiador — deve narrar não o que aconteceu e sim o que poderia ter acontecido) enriquece ainda mais o conceito de mimese[2] que passa desta forma a possuir uma função altamente produtiva passível ulteriormente de alimentar e integrar uma ação (prática/teórica) "concreta", vale dizer: não ficcional. Finalmente Aristóteles ao afirmar no Cap. XXV que é preferível escolher o impossível *verossímil* ao *possível incrível,* levanta para o leitor moderno[3] toda a complexidade abarcada no termo ficção.

Se há alguns anos o conceito de "representação" e em conseqüência o de "mimese", atrasou a compreensão do fato

(2) Pode-se sempre trabalhar com a noção de *mimese,* aplicá-la a qualquer obra, mesmo à mais abstrata. Trata-se simplesmente de deslocar a correspondência habitual de um plano para outro. Verificar *onde* agora repousa a nova correspondência. *Mesmo* o Estruturalismo, por exemplo, foi chamado — segundo Barthes — uma atividade de imitação e para ele não há "a bem dizer nenhuma diferença *técnica* entre o estruturalismo científico erudito de um lado e a Literatura em particular, a arte em geral, de outro: ambos vêm, de uma *mimese,* fundada não sobre a analogia das substâncias (como na arte dita realista), mas sobre a das funções (que Lévi-Strauss chama "homologia"). Todavia acrescento: a "mimese de substância" deve subsistir em algum grau sempre e é por meio dela que se penetra na outra, "homológica", dinamizando-a. Esta — a de substância — enfim que "simula" (se assim o quiser, para se manter a designação do artigo "A Atividade Estruturalista" já citado) o nível da prática humana inserido na cultura. A vigência de certas "figurações" da arte contemporânea — por exemplo, aquelas de um cinema de amplo circuito (e, na Europa, o cinema para TV), seu imenso poder e capacidade de atingir diferentes grupos e proporcionar diferentes tipos de fruição — resulta nesta sua capacidade de "flagrar" o modo de vida da sociedade, hoje, justamente por meio de um núcleo mimético de "substância". O vigor enorme da imagem cinematográfica adviria assim desta recuperação da arte figurativa. O melhor cinema sempre resultou em uma "centralização" da *mimese de substância,* concomitante a um movimento de fuga rumo a uma *mimese das funções.* Ficar só com a mimese das "funções" é empobrecê-la por se perder a matriz que a nutre e onde reside — *em caráter embrionário* — os diversos tipos ulteriores de formatividade. O artigo citado percebe sem dúvida a duplicidade de uma matéria (espessa de início) e posteriormente desvelada, tornada "inteligível" pela ação estética ou científica. Todavia, não se atém à manutenção do estágio primeiro, aos problemas filosóficos que decorrem da dicotomia. De certa forma a ampla citação que fiz de Bunge responde de maneira indireta ao artigo.

(3) Porém Henry Lefebvre, pensador com quem me identifico amplamente sob muitos aspectos, vincula a *mimese* à sua acepção mais pobre, menos produtiva (que implica repetição, pleonasmo, passividade etc.). Evidentemente não cabe aqui responder a Lefebvre. Recuso porém sua argumentação a respeito. (*Metaphilosophie*) Metafilosofia, Editora Civilização Brasileira.

estético como autônomo, funcionando apenas na condição de entrave, ligado a um realismo ingênuo, um peso que lhe amarrasse os pés a um pesado chão extraliterário (caso da ficção), atualmente acredito (a despeito de Lefebvre — nota 3) que só uma reavaliação de tal conceito permita compreender verdadeiramente a peculiar formatividade desta mesma autonomia. Quando Kant distinguiu em *A Crítica do Juízo* a "beleza aderente" da beleza livre, iniciou um fecundo campo para o estudo de uma fruição que repousasse antes nas "relações" do que nos "conteúdos". Todavia, em um estágio contemporâneo, a penetração completa em todo esse desenho relacional não pode ser compreendida sem que se desça radicalmente ao nível do conteúdo em que pese a dificuldade de se manipular a artificiosa dicotomia, forma/conteúdo. Sem dúvida todo "conteúdo", vale dizer, aquilo que subjaz, seja como hipótese, à obra, só pode ser expressado modernamente como o *indicativo* de alguma formatividade. Todavia esta direção, que caminha de *um-ainda-não-apresentado-esteticamente* àquilo que *já o está,* não deve ser encarada (caso se queira escapar a um universo monista, fechado) como possuidora de um caráter irreversível, que vá de um ponto a outro e aí se deixe fixar. É necessário que se retorne ao *hipotético ponto primeiro,* indagando desassombradamente da gênese de determinada apresentação (representação, portanto) fazendo-a recuar e se deslocar para um "passado processual" caso se queira verdadeiramente compreender o *nível formal em sua própria especificidade.* Acredito que tal fato tenha sido repisado bastante neste trabalho. Contudo não ainda centrado no conceito de ficção e tendo como ponto de apoio a noção de "mimese". E julgo este acréscimo fundamental para uma colocação adequada da função da arte (particularmente a literária) no universo da cultura.

Assim, se o conceito de *presentificação* fixou modernamente o fato literário em si mesmo, não pôde todavia arcar com a complexidade particular deste centramento-descentrado (Derrida); desta formatividade que só se revela plenamente na manutenção da problemática relação sujeito-objeto com o subjacente conceito de realidade. A consciência do caráter de "abertura" próprio da ficção (por extensão da arte), com a igual consciência de sua ambigüidade, de sua plurissignificação, de sua inexauribilidade, não resolveram todavia — a longo prazo — o problema conceitual desta particularíssima especificidade. Colando a esta autonomia um referente não-determinado e que viria a ser o próprio mundo das significações encarado em sua expansão ilimitada, anularam qualquer possibilidade de determinação rigorosa da qualidade singular de cada obra. Formulação extremamente rica, resultou com o tempo inoperante, quase impotente mesmo para uma valorização concreta. Pois aos poucos a credulidade da crítica "aplicada" transformou a obra aberta em uma obra vazada (feito uma peneira) onde tudo poderia passar de dentro para fora e vice-versa, e a plurissignificação em uma dissolvência semântica, noite em que todos os gatos (ou significantes) além de igualmente pardos pareciam sofrer de uma irreprimível dança de S. Guido, trocando constantemente de lugar (permutando-se). As noções de "acaso" e de "probabilidade", roubadas (e mal) às conquistas da ciência contemporânea igualmente contribuíram para esta completa instabilidade do campo estético. Assim este se viu, por um lado, comprimido rigorosamente na "materialidade" de sua estrutura, de outro, todavia — contraditoriamente — desdobrado ao infinito numa plurissignificação jamais estancada. Ora, o movimento oscilatório entre *presentificação* absoluta e *representação* (também absoluta) recupera Kant (a finalidade sem fim, o livre jogo da imaginação) ou Kant via Dufrenne ("o objeto estético não me propõe uma verdade sobre o mundo, mas me abre o mundo como fonte de verdade") porém *não se envolve concretamente* no *como* desta autonomia que se pretende debruçada sobre a significação ilimitada. Vale dizer: não resolve teoricamente a perplexidade judicativa daí decorrente.

Pois como distinguir, baseando-se na formulação acima, a obra de sua contrafação, qual o critério? O conceito de mimese, revisto, é que a meu ver produziria um fracionamento nessa perfeita simetria (presentificação absoluta/representação absoluta) introduzindo deslocamento e contradição dentro do campo estético. Conhecimento não se faz no estático nem na mesmidade. Tampouco na mobilidade sem referente[4] igual à imobilidade. Conhecimento é conhecimento *de* algo. Arte é conhecimento? Sim, pois que dinamiza a passagem, o "de", porque é apropriação, movimento. Esta aventura é ine-

---

(4) Eco se pronuncia quanto a este ponto de forma bastante crítica ao falar sobre o seu livro *As Formas do Conteúdo*: "Definições para uso do leitor apressado? Um livro de Semântica; livro que, no momento em que floresce a metafísica do significante e da escritura vazia, busca recuperar a realidade cultural que, maciça, jaz sob toda operação de significação".

rente a qualquer descoberta no campo da língua. Todavia é na ficção que os limites forçados, que o homem se impõe quando se empenha em avaliar o "peso" de realidade de uma época, se evidenciam. Fábula, simulação (de algo), a ficção se emancipa e adquire autonomia, justamente no seu comprometimento com o "real" que *programaticamente* não pode ser *total*[5] sob pena de se deixar consumir em um idealismo absoluto. Em que ponto, em que espaço desta cidadela defendida por palavras desembainhadas que a cobrem e a libertam de uma servidão externa, reside a passagem, o caminho para uma inversão processual em busca dos próprios fundamentos?

Só uma crítica do concreto, ligada aos limites de cada obra, poderia tentar responder.

Assim, uma vez descoberto o caráter aberto da obra de ficção é preciso a coragem agora de transgredir esta etapa teórica vencida e começar a "fechá-la". Lentamente, procurando, de um lado, devolvê-la à significação limitada (responsável), de outro, procurando romper com a "opacidade estrutural", estática e fixa, fruto do conceito de "presentificação", de "materialidade em si mesma".

Pois a ficção joga com a simultaneidade das noções de *descrição, explicação* e *interpretação*. Sua *abertura* reside na *interpretação*: progressiva, aproximada; seu *fechamento* na *descrição* que repõe os limites de uma fabulação. É todavia pela *explicação,* com seu empobrecimento compreensivo, sua redução do novo ao familiar, que se irá *indicar* (no atual momento teórico — que fique bem claro — no atual momento teórico), a pista, a trilha "referencial" que possibilitará ao crítico levantar hipóteses sobre a *validade*[6] de uma obra.

Já foi dito: a intersubjetividade a que pertence o mundo da cultura não possui "prova" no sentido corrente. Mas é nela que os juízos de valor se formam. Se rasuram. Se contradizem. Esta peculiaridade ao mundo da cultura grafada na língua, se evidencia na arte. A crítica de ficção lhe é homóloga em uma 1.ª fase: assume *também* a flexibilidade múltipla e contraditória da linguagem "comum". Em conseqüência a

---

(5) Homólogo à plurissignificação, à significação infinita.
(6) A obra de Wolfgang Köhler, *The Place of Value In a World of Facts* (Liveright Publishing Corporation), assume o "valor" totalmente desvinculado de uma posição filosófica antinaturalista. Citei-o na nota 2 (Cap.: "Autonomia: Avessos") com liberdade. Porém suas considerações interessam a todos aqueles que encaminham a especulação filosófica como discussão central do pensamento científico.

armadura para cercar criticamente a obra, *fechando-a,* não é a formalização exaustiva. Nem haverá armadura. O andamento crítico todavia procurará varar a porosidade do ilimitado mundo das significações estabelecendo francamente, através de pontos referenciais, "miméticos", um juízo de valor. O processo de *fechamento* é astuciosamente pobre[7]. Taticamente "dirigido". Se a arte é produtora de sentido, compete à crítica de arte, *reassumir* este sentido *em direção à cultura* de onde a obra emergiu. A intersubjetividade é a sua matéria (o homem coletivo *versus* homem singular a investem) e a obra ficcional ao ser *fechada* denuncia a condição dessa matéria formada de singular/plural.

Com a noção de obra aberta (Eco), de texto plural (Barthes) e bem mais anteriormente de ambigüidade (W. Empson) explicitou-se sem dúvida a multiplicidade não-redutível das significações próprias ao mundo da cultura. Contudo a aplicação acadêmica de tais noções (ou a sua mera aplicação desgastada pelo uso crítico) curiosamente tem recuperado — à revelia das teorizações que as encampam — um mimetismo de ordem menor, reflexo, simétrico e mecânico; a saber: obra "plural" (aberta) igual à abertura ou pluralidade intersubjetiva. Mas ao insistir no "fechamento" da obra proponho não a perda da intersubjetividade, muito ao contrário a sua compreensão global (com a ênfase em sua qualidade produtora) continuamente atravessada e contraditada (desequilibrada) por cada singularidade que a anima. E se cada singular é uma maneira do coletivo se manifestar é este que flagra (denuncia), por assim dizer, a função transformacional da mesma intersubjetividade. Sendo assim a "obra fechada", como a formulo, não repõe a representação calcada em um realismo ingênuo e muito menos a sua conseqüência mais óbvia: a judicação "judiciosa" e redutora. Ao contrário: adverte dos perigos de uma representação reflexa, mera duplicação mecânica que, banida pela porta da frente, entra de volta pela dos fundos, travestida de amplitude interrogante, formigamento semiológico, ou o que seja. Em conseqüência assumir a condição produtora da cultura realizada na palavra é assumi-la com tudo o que isso implica de aventura (simulação) e de responsabilidade (simulação *de*). Pois a ficção ao

---

(7) Como se vê, também adoto o "empobrecimento" como tática de abordagem. Só que lhe atribuo papel não apenas diverso mas principalmente inverso do usual na crítica contemporânea (ver p. 231).

simular, produz, e ao produzir é jogada violentamente fora de seus próprios limites "simulados"[8]. Este movimento se realiza na crítica como perda de juízo redutor (em uma 1.ª fase, "aventurosa") mas como recuperação valorativa, ampla, hierarquizada e vinculada ao valor-limite "realidade" em uma 2.ª fase ("responsável"). (Ambas as fases são partes de um só processo, separado aqui pela necessidade da análise.)

Uma analogia:

O jogo de nome "roleta russa" consiste no seguinte: Um revólver é armado com uma só bala (o tambor possui seis casulos), o jogador coloca o cano da arma contra a própria cabeça e aciona o gatilho. Existem pois cinco probabilidades, contra uma, de a bala não ser deflagrada. O jogo se caracteriza por essa probabilidade de 1 para 5 e é ela que o mantém contido nos limites ficcionais, a tensão suportável. Mas quando uma bala é de súbito deflagrada e arrebenta um crânio, o evento rompe o mecanismo do jogo e o destrói pela morte. Não se trata apenas do termo do jogo mas de sua própria destruição. Se perco no xadrez, por exemplo, eu encerro um processo lúdico e, encerrando-o, afasto-o de mim, intacto. Passo do jogo para o não-jogo mantendo perfeitamente delineada a fronteira, assim como ambas as áreas. O evento "bala deflagrada" na roleta russa, porém, ultrapassa a fronteira, rompe-a e me introduz, pela morte, assim como aos assistentes/participantes, na área do não-lúdico *por meio do próprio lúdico*. Contudo se eu jogo roleta russa cem vezes e nas cem vezes a bala não é deflagrada, minha figura permanece sem modificação, presa no seu lugar, presa à mera ficção (essa porém justamente se realizando pela possibilidade de deixar de sê-lo). Não houvesse a possibilidade do revólver "atuar", do gatilho, da cápsula, do fogo, da morte, e o jogo se descaracterizaria, perdendo sua razão de ser. *O rompimento da condição lúdica, portanto, vem a ser — nesse jogo — a sua própria qualificação lúdica.*

Assim:

Onde se lê: "probabilidade de 1 contra 5" (roleta russa), leia-se: "ficção".

---

(8) Onde absorverá novos recursos que favorecerão a "simulação", reforçando-a. "A Criação: Contradições" (1 e 2), segundo poema do conjunto ficcional TERMOS DE COMPARAÇÃO 2, utiliza como matéria (ou condutor de percepção) este movimento antagônico, internalização/extrapolação, tão repisado ao longo do trabalho. Outro poema, todavia, "Descrição do Engano" (pertencente ao mesmo conjunto) encara o ficcional na sua acepção negativa, feita de fragmentos vivos, petrificados pela ligação mecânica. Como mentira, trapaça engenhosa.

Onde se lê: "revólver, gatilho, cápsula deflagrada, fogo, morte" [realização e (ou) destruição da roleta russa], leia-se: *"ficção de"*.

Agora substitua-se *morte* por *vida* e o jogo "roleta russa" conterá toda a duplicidade e a astúcia desta *peculiar formatividade da cultura,* o ficcional, qualificada como estética. E uma vez que peculiar: autônoma.

Esta qualificação que já foi (e por muitos ainda o é) considerada apenas pelo conectivo *de* (ficção *de*) e é comumente chamada "arte engajada" pelos que a praticam ou "realismo ingênuo" pelos que a deploram, tende atualmente a ser considerada, em amplos círculos, unicamente pelo seu outro lado, sem conectivo, como ficção absoluta (ver pp. 235 e 236).

Assim em ambos os casos a "peculiaridade" desta autonomia se viu anulada:

no 1.º por ser entendida *só* como *ação* (o revólver, o gatilho, a cápsula deflagrada; seis probabilidades em seis, nenhum jogo);

no 2.º por ser entendida *só* como *jogo* (nenhuma expectativa "real" de cápsula *a ser* deflagrada).

Compreender criticamente a astuciosa peculiaridade da autonomia estética (aguçada no ficcional construído pela palavra) é conquista de uma "prática teórica" exigente e por isso mesmo pouco ortodoxa; é constatar que até hoje esta qualidade tem sido melhor captada, determinada e defendida dentro da flexibilidade de um método que se sabe apenas aproximativo, autocorretivo, ligado às transformações do meio cultural, sujeito também ele a modificações substanciais por todos os estudiosos insatisfeitos, conscientes dos inúmeros impasses teóricos não inteiramente resolvidos e da necessidade do constante contato direto com as obras particulares. O resto, se não é silêncio, é bravata.

Dados sobre a autora

Nasceu em 1930 na capital de São Paulo.

Formou-se em 1951 pelo Seminário de Cinema do Museu de Arte de São Paulo.

Em 1956 o Clube de Poesia de São Paulo publicou na coleção "Quarto Centenário" o seu livro de poemas, *Os Campos de Dezembro*.

Em 1957 recebeu o Primeiro Prêmio no Concurso de adaptação de Contos Brasileiros (promovido pelo Teatro de Arena de São Paulo) com a peça *Pedro Malazartes*, baseada na versão de Lindolfo Gomes, e que foi encenada no mesmo ano pelo Teatro Paulista do Estudante na direção de Beatriz de Toledo Segall. Recebeu ainda no mesmo concurso uma Menção Honrosa com outra peça *O Crime do Tapuio* do conto homônimo de José Veríssimo.

Em 1969 publicou com J. Guinsburg a antologia *Quatro Mil Anos de Poesia* (Ed. Perspectiva).

Em 1973 traduziu do francês o livro de Jean Baudrillard *O Sistema dos Objetos* tendo também escrito para essa edição brasileira um trabalho expositivo e crítico sobre a obra. (Ed. Perspectiva, col. debates).

Tem trabalhos teóricos e ficcionais publicados em diversos periódicos inclusive no exterior. É colaboradora do Suplemento Literário de *O Estado de S. Paulo*.

Faz parte do Conselho Editorial das coleções "Debates" e "Estudos" da Ed. Perspectiva.

Prepara atualmente um novo livro de ficção, *Maquinações* e outro ensaístico, *O Cinema Dentro do Filme*.

COLEÇÃO TEXTOS

1. *Marta, a árvore e o relógio,* Jorge Andrade
2. *Fluxo-floema,* Hilda Hilst
3. *Uma poética de romance,* Autran Dourado
4. *Termos de Comparação,* Zulmira Ribeiro Tavares.
   3 mulheres de 3 pês, P. E. Salles Gomes

IMPRIMIU
TELS.: 52-7905 e 52-3585
S. Paulo — Brasil